# De l'esprit

Claude Adrien Helvétius

# 论精神

[法] 爱尔维修 著
杨伯恺 译

上海人民出版社

**目录**

# 译者的话

《论精神》(*De L'Esprit*) 是18世纪法兰西物质论哲学最主要的代表哲学家爱尔维修（Helvétius）的一部最主要的名著，同时也是我们决心要系统引介的哲学丛书之一。

这部书初次出世是1758年。巴黎 Imprimerie de Mercure de France 把它列入 Collection des plus belles pages 1909年出版的 *Helvétius* 里面。我的译本就是根据这部 *Helvétius* 译出的。前面圣·郎伯尔（Saint-Lambert）那篇《爱尔维修的生活及其著作》，本是在原书附录里面，我因其是一篇有条理、很详细的文献，所以特别把它译出放在前面。

本书翻译费了三个月功夫，译毕复由朋友帮忙详为校阅，对于原著虽已尽量求其忠实，但仍恐不免有错误的地方，尚望读者于发现时，不吝赐教，以便再版改正是幸。

译者　1933年1月20日

# 爱尔维修的生活及其著作①

克洛德·阿德里安·爱尔维修（Claude Adrien Helvétius），1715年1月降生于巴黎。他的父亲名叫让·阿德里安·爱尔维修（Jean Adrien Helvétius），他的母亲名叫加伯利尔·德·阿尔满古（Gabrielle d'Armancourt）。爱尔维修这个家族，祖籍是巴拉丁（Palatinat），宗教改革时曾在那里遭受过虐待，遂移居荷兰。在荷兰，族中多人曾经取得光荣的职任。爱尔维修先生的曾祖，是共和时代的一等军医，以服务有功曾受许多荣章褒奖。这位名人的儿子到巴黎的时候，还很年轻。他是以荷兰医士这个名称见知于人的，我们应当称他为"草药师"（Ipécacuanha）②。他曾经从他的一位亲属，一位巴达维亚（Batavia，印度尼西亚首都雅加达的旧称）的执政者那里学得这种树根的用法，而在巴黎，在我们的

① 这篇重要的表彰论文，最初以为是居克洛斯（Duclos）做的，其实是圣·郎伯尔（Saint-Lambert）做的。它曾再版于爱尔维修的精选版本中。但大部分批判家，都是从此地袭取了去，经过恶劣的改窜，而故意忘却指出其引据来源。——译者

② 这是产生于南美的几种小树之根，有催吐性，故意译为草药师。——译者

军队中应用起来，收到了很多成效。路易十四（Louis XIV），他的恩典每每就是国王所应有的恩典，这即是说曾赐以贵族的册封及医院总监的官职给这位草药师。他于1727年死于巴黎，深为贫困者及善良的人所悲悼。

他有一个儿子承继了他的才能，与他一样，成为光荣的医生。当他把摄政的国王从一种自七岁时便害着的危险病症中救回来的时候，他还很年轻。自此以后，他遂成为王后的首席医生，博得她的信赖与宠遇。在凡尔赛，他成了凡属他所医治的一切人的朋友。他对于很多来到他家就诊的贫民，无不接纳；而且殷勤地到那些病重不能就诊的人那里去替他们医治。

他很爱他那美丽而贤淑的妻子。他们非常珍爱他们的儿子，在对他的教育上，同样尽心竭力，并使他过着幸福的儿童时代。

当他们把他托付给郎伯尔先生的时候，他还未满五岁。这位郎伯尔先生是个贤明而富于情感的人，他尚健在，却已哀悼了他的学生。

取得教师如此欢心之切望，这种鼓励鞭策学生更勉于工作。他最早就有喜欢读书的兴趣。真的，他首先喜欢的只是仙女故事及神怪说部之类。但很快他就与拉·封丹（La Fontaine，1621—1695，法国最著名的寓言家）乃至布瓦洛（Despreaux，1636—1711，法国诗人和文学理论家）的著作发生关系。这些人的作品原是为富有兴趣的人所酷好而不能为儿童所喜的。

当爱尔维修读《伊里亚特》(*L'lliade*) 及“昆特·库尔斯”（Quinte Curce，公元1世纪的拉丁史学家，《亚历山大传》的著者）时，正是刚进中学的时候。这两种读物，改变了他的性子。他原来是胆子很小的；现在变得很胆大了。他的求学兴趣，曾经有一段时间中断了，那时他愿意入伍并醉心于战争。

他官长的专制、他们那些威胁的腔调和拘束，使他发生反感，而人们堆在他身上的极其烦琐的义务又使他短兴。他只得着很平庸的进步。但，到了学修辞学的时候，他的监护人波雷（P.Porée）看出这个学生是易为夸奖所感动的，而且在称许其最初的努力中使其成为最伟大的人物。发展个性本是中学时期的教育所讲究的。波雷在爱尔维修的个性发展之中，较在其他学生中特别找到更多的概念和印象，从这时起，就给他一种特别的教育。他同他读古时和近代最好的作品，给他指点出作品的优美和缺点。这位老者，没有写作的兴趣，但却有极其高超的文学见解。这是一个好的教师、严厉的模范。他特别具有辨认其学生之才器及性格的才干。他须得为法兰西造就一个伟大人物，他已猜着了而且加速成就了这位天才。

名誉的最初享受，增进了他对于名誉的眷恋。青年爱尔维修在中学普通学科中所得着的充分称赞，更使他想在一切地方都取得一样的成功。他开始憎恶跳舞和剑术。虽然他曾经精习这两种技术，并在剧场内以雅维利耶（Javillier）的名称和面具跳舞过，且曾博得很热烈的喝彩。

他的竞争心向一切方面展开，但从来没有嫉妒心。他爱他那些年轻的对手，并取得他们的信任。在那些因教师的严厉和取乐的需要而在年轻人中间普遍流行的小诡计上，爱尔维修亦十分擅长，并使人们由衷佩服他。

当爱尔维修读《人类理智论》（*Essay Converning Human Understanding*）的时候，他还在中学里。这部书，在他的思想里面，形成了一个革命。他变成洛克（Locke）热烈的信徒，不过却是亚里士多德（Aristotle）之于柏拉图（Plato）那样还要添加些新发现于其先生的发现上面这样的一种信徒。

在法律的研究中，他使用着洛克启发他的哲学精神。自此以后，他遂从事于法律与人的本性和幸福之关系的探究。

他的父亲，家道平常，原先曾因与一位伯爵的关系遭弗勒里（Fleuri）主教贬斥。这就使他预备从事财政工作，把财政看作是可以使他致富并且可给以应用其才干之机会的一种职业。他的父亲把他送交阿尔满古先生（M.d'Armancourt）家里，这是他的母舅，加茵农场的场长。在那里，他对于文学及哲学比对于财政要留心些，而对于妇女又比对于文学及哲学更要留心。然而，他竟以很少的时间，几乎是丝毫不曾费力地把一个财政家应当知道的全都懂得了。

当宠爱爱尔维修夫妇的王后为他们的儿子争取到一个农场收税官的职位时，他已二十三岁了。他最初仅有官衔和半个职位，可是奥利先生（M.Orri）不久就全部给了他。这就使他有了十万金的息入。他的双亲借贷了一个农场收税官应当付与国王的资金，并要他们的儿子从其职位的薪俸中扣还这个资金的利息并偿还本金。

他有能够使最富有的财政家陷于困顿的两种热情，这就是爱女人和喜做好事。不过，他是有纪律和正直的人。在如许的享受方法当中，他知道聪明地去享受。他首先以收入的三分之二，专门准备用于借贷资金的偿还。其余的，则耗费在他的年龄和高贵心胸所不可少的费用上面。

刚过童年，他就已设法与文学界的名人联络。马里沃（Marivaux）就是其中之一。此人在他的小说里装入了那样多的才思、情感，以及冗辩，而在晤谈之中，乃常常是可爱的人。由于他心思的玲珑及品行的纯洁，他是值得有一些人与他相交并成为其朋友的。爱尔维修先生给他两千法郎的资助。马里沃，虽则是个出色的人，但有些脾气，在争论上不免有些尖酸。他之于爱尔维修并不是气味相投的那类朋友。但自从爱尔维修给了他资助后，他就成了爱尔维修的朋友中对他最留心、最尊敬的一个了。

小梭兰（Saurin），科学学院的一分子，当其还不曾有何等著作可以使他有名于世的时候，他已经被文学界的人所知。他被看作是才思广大、正确而且深刻的人，具有各种知识、德行、兴趣。他为谋生起见，只有一个与他的性子很不适合的职位。他接受了爱尔维修先生千金的资助，这就可以使他得着独立，得着研究文学的工夫，以及使他感觉到并且宣扬他的幸福应当归功于其朋友的快乐。这位高贵的朋友，当梭兰先生要结婚的时候，又强令其接受他所给予的金钱。

他到处找机会做那爱人与救助人的善举。无论他怎样小心去掩盖他那些善事，我们还是能开得出一个曾经受他厚待的知名之人的名单；不过如果我们指出那些有愧于他帮助的缺乏德行的人来，我们相信他早就已经忘掉了。

那时丰特奈尔（Fontenelle，1657—1757，法国文学家）是文学帝国的领袖。其广大的声名、健全的哲学、贤明的行为、多种的才能、快乐的精神、为人的平易，使他深受各类人喜爱。就是他的冷静，也是受人尊重的。他那些朋友的仇人，不会是他的仇人，对于他都是很友善的。除此以外，他尚有一个高寿的功绩，他曾经眼见我们这个世纪尚想保存着的光辉时代。他的回忆录中充满着有趣的故事，这些故事由于措辞有方更觉有味。他的谈天，他的取笑，都令人怀想。宫中的男女，艺术家、诗人、哲学家，没有不喜欢他的谈话的。

爱尔维修对于丰特奈尔是很敬重的。爱尔维修到他家里去，犹如一个追求上进的学生那样谦恭。他喜欢同他谈霍布斯及洛克。他从丰特奈尔那里学来的特别之处，就是目前太被忽视、但却使他的思想有光辉的才干。

孟德斯鸠（Montesqiéu）在那时不过是《波斯人信札》（*Lêttres Persanes*）的作者。但在这个表面看来似乎无关重要的作品中，及其在与他的交谈中，爱尔维修先生已经看出这位立法指导者的才干了。孟德斯鸠也已经推测出他的朋友有一天会成为怎样的人物。他曾说：我不知爱尔维修是否了解他的超卓处；但在我呢，我觉得他是一位超群出众的人。①

《亨利亚特》（*Henriade*）② 这种格律全新的叙事诗、许多左右我们的伟大宗师的悲剧、比法国一切历史著作都更精妙的《查理十二传》、许多使人忘掉那在路易十四时代如此普通的一无所取的人群的短剧、一种光芒四射的哲学、很高的天分、多个领域的成功，如此一切把法国和全欧洲的注视集中于伏尔泰（Voltaire）身上。再没有谁能比他引起更多的赞美和嫉妒了。不肯替那些居心嫉妒的文人作应声虫的、众人的一部分，那些从他们的读物中去追求快乐或模范的信心良好的青年，就是他的赞美者。剩下来的，差不多就是他的仇人。他那对于文学的爱，他那娴熟的歌颂技术，他的礼貌，他那取悦于人的切望，都不能使嫉妒的愤怒和缓下去。为图自免起见，他遂隐遁于瓦里（Oirey）。爱尔维修

① 这几行，事实上，是从孟德斯鸠在 1749 年致爱尔维修的书信中找出来的。
② 伏尔泰在 1723 年所著关于同盟及亨利四世的叙事诗。——译者

到那里去找他，向他倾诉最宝贵的秘密，即是说他那首《幸福》(*Bonheur*) 的诗的计划和首二韵。他得到的批评，比他所请教过的人给的一切批评都要明白些，并且得着一个热心于其名誉的朋友。

农业部照惯例要遣送些最年轻的收税官到各省去。这些年轻人的职务就是负责去了解各种部门的出息，去监察那些委员，去实施一切命令。在这称为回旋（Tournées）的旅行中，爱尔维修先生游历了香槟区（Champagne）、勃艮第（Bourgognes），及波尔多地区（Bordeaux）；并且随便到哪里，他都不曾定下一个律令永远把赢的道理归于农场的征收专员，而把输的道理归诸百姓；他从不愿意接受没收的金钱，并且每每贴补那些由于征敛而破产的不幸者。但农场表示不能赞成这种伟大举措。以后，爱尔维修只是用自己的牺牲来做些慈善事情，并且那些农民也就愿意宽恕这种行为了。

当他走到波尔多的时候，正是全城和全省都为一种新定的酒税而苦恼的时候。他写信给他的公司反抗这新税，并为他所得到的回答而愤怒。有一天，他竟至向波尔多许多市民说："你们尽管只是这样自嗟自叹，人家并不会就承认你们的要求。展示你们的可怕力量吧。如果你们能够团结到万人以上，就可以打倒我们的公仆，他们为数不到两百。我可以替你们做前驱，我们要保卫我们自己。请你们战斗吧，要求他们把公理交还给我们。"

幸得这位青年的劝告不曾实行。但在回到巴黎时，爱尔维修先生尽力支持波尔多人的不满，终于使得酒税取消。

他约束属员们的贪婪，他指出减少属员数目的方法，他主张要对于所属的土地取得更大的价值，这样他可以同时使自己既有益于农人又有利于国家。然而这些服务，有时仍不能阻止他产生索然寡味之感。他不得不与那些志量渺小的人周旋，而以远大的见解同他们商量；并与那些已经被年龄与财务弄呆弄笨了的人交际，同他们谈论人道。他所安慰的不幸者，他与文学家的来往，他的研究及他的情妇，都使他对于这种不便之状况，感觉难以忍受。他的父亲，已经使他成为农场税官，但决不能使他成为财政家。他已经偿还了他的本金；并且，虽就在寻乐和慈善事业方面有那样多的耗费，他仍旧积攒了一笔数额巨大的资金。他购买了些土地，打定退休的主意，便于在那儿以整个精神从事文学和哲学，可是，他应当有一位他爱的妻子，使他在退隐生活中，不至于感到痛苦。

在以《秘鲁修女的情书》(*Lettres D'une Péruvienne*) 这部好小说知名的格拉斐尼（Graffigni）夫人家中，他遇见了利尼维尔（Ligniville）姑娘，大为她的美和活泼的精神所动。但在娶她之前，他想要了解她。他屡屡见她，却没有把自己对于她所有的计划和兴趣说出口。后来经过一年的观察，他看出利尼维尔姑娘心地高尚而不骄傲，她以操守去担当她不幸的家运，她有勇气、有慈爱心，并且朴实无华。他断定她很愿意与他同过退隐生活，就向她求了婚，她同意了。不过在结婚之前，他想辞去农场税官之职。

爱尔维修先生，为使他的父亲满意，捐得王后宫中教师一职。他对于宫廷并不比对于财政要来得更好些，尽管他很为王后的恩遇所感动。这位王后喜爱有才气的人，很厚遇爱尔维修先生。他与人为善，他的光明德行本就为人所喜。他的职位很清闲，没有多少事干，因而给他留下了许多沉思的时间。

他于1751年7月结婚后，立刻回到他自己在沃雷（Voré）的宅邸去。他在那里带着两个书记员，这在他已辞去农场税官之职以后，本是用不着的，可是他却需要他们。一个名叫博多（Baudot）的，是生性多愁、健谈而且遇事过虑的人，借口他是看着爱尔维修先生长大的，便自许待他如像严厉的先生待一个小孩子似的。博多的快乐之一就是和这个度量宏大的主人讨论他的行为、才情、性格及著作。他们的讨论除了以最厉害的讥刺告终外，是从不停止的，爱尔维修先生拿出耐性去听他说话；每每在离开他的时候，向爱尔维修夫人说："我真的有博多指出的那一切的缺点吗？显然不是。然而，我总有一些不是，如果我不把博多留着，谁又肯向我直说呢？"

在他的土地上，他所关心的，只是他的著作、他的属下及爱尔维修夫人的幸福。他可以照博林布洛克爵士（Lord Bolingbrocke，1678—1751，英国政治家、哲学家和政治作家）在致斯威夫特（Swift，1667—1745，英国作家和政治家，讽刺文学大师，曾被高尔基誉为"世界文学创造者之一"）的信上说："我从前所有一切对女性的爱，现在只用以对我的妻子了。"

近两年，他已经停止作诗了，转向了对人的探讨。他刚投入于此不久，便瞥见新的真理。后来这些真理变得更加明晰，且引导他发现其他的真理。当1755年他父亲过世之后，他就完全沉浸于哲学之中。对于我已提及的这位著名医生的事，我只再添说一句：他最能理解他的儿子，这即是说他有远大的眼光，没有成见。他很高兴看到他这个儿子为了名誉而牺牲了一笔巨额的财富。爱尔维修先生失去了如此贤明的父亲，是极悲哀的。他拒绝接受他的遗产，愿意把这遗产全留给他的母亲。在推辞很久之后，才得到他的母亲保管这宗财产的许诺。他父亲之死，乃是第一个不幸。这件哀痛的事搅乱了他的幸福生活，耽误了他的事业。到他有了重新做事的力气之时，他又开始他的事业了。于是在1758年，写就了《论精神》(*De L'Esprit*）这部书。

他并不仅仅是为了写出一部著作才巨细不遗地观察人。既然大家已经说笛卡尔曾经创造了人，那么就亦可以说爱尔维修曾经认识了人。他乃是把道德建筑在个人利害这个不可动摇的基础之上的第一人。他乃是诸哲学家中的这样一个哲学家，即最能驱散这些云雾，这些使我们自己掩盖了自己的真相而且给我们以德行之错误观念的荒谬体系。他的书是在社会中的种种愁苦和不幸对心灵刺激下的产物。没有人曾经比他更好地提出应把一个政府建立于什么原则之上，并指出那使大多数人的幸福被少数人的利益所抹杀的一切政治组织之不适宜。梭伦（Solon，前638—前559，古希腊时期雅典城邦著名的改革家和政治家）曾说："雅典人呀！你们定要这样相信：遵守我的法律就是你们的利益，你们将不会做犯法的尝试。"

请看，这就是一切立法家应当说的，这就是爱尔维修先生给他们所预定的。他的书还有一个使其超出许多其他书籍之上的长处：这就是通体明了而高尚之笔调。当作者说到一个新的或抽象的真理时，它只是简单而确切地叙述，使你的精神习惯这些新的观念。他的笔调有威严、有力量，并且有风致。他给你提供这些特别关乎人的真理。他以其丰富之想象装点着真理；而此常常服属于哲学的想象，把它点缀得更美丽而又并不使其陷于迷惑。这个想象的任务使真理成为最易感觉，即是说最易捉摸的东西。在他的书中，他述说了那样多的开心有趣的故事，也都是在这同一观点之内。那些故事都是含有真理的寓言；如果觉得他把寓言用得稍多一点，那么应当记着他是在法国写东西，而且他是在向着一个幼稚的民族讲话。

当这部著作在巴黎出现，真正的哲学家都推崇它，浅狭的道德家则心生嫉妒，社会上的众人，则等待它受裁判，谈到它时，不免带着毁谤。那些伪善者则感到恐慌，这是有理由的。一位以意志坚强和性格活泼知名的妇人，谈到爱尔维修先生时，她说："这是一个揭穿了一切人秘密的人。"①

至于神学家，则准备了一个迫害计划，并先施以荒谬的批判。在《基督日刊》(*Journal chrétion*）上与在夸大的教主谕令上说："《论精神》这部有毒的书，是从地狱里迸出来的妄想，其作者乃是公然用力量攻击德行的狮子，是张着陷阱的毒蛇；他把人类与禽兽同等看待，对于奥利金（Origéne，185—251，基督教著名的神学家和哲学家，生于亚历山大港，卒于该撒利亚）毫不尊重，奥利金曾明白地说过人类是依理性而活动的，而禽兽则是依本能而活动的：作者没有理由去评论立法，因为在福音书中，我们可找到就这个问题所应当知道的一切；尤其是《论精神》上所包含的东西，在圣书中、在诸圣父（SS Péres）中，一点也没有；对名誉与祖国的爱应当作情欲而加取缔，因为一切情欲都是罪孽的果实。"

就是其他具有高明识见的神学家，也曾说：百科全书派及爱尔维修先生的哲学，散布一种腐蚀一切后辈的死气，并且这是一种极坏的植物，年复一年，会把农夫种在田里的好种子灭绝以尽的。

爱尔维修先生最初安安静静地接受这一切的批评，并不

① 这句话，有些人说是杜·德芳夫人（Mme du Deffand）说的，有些人说是博沃夫人（Mme de Beauvau）或布弗勒尔夫人（Mme de Bouffler）说的。

想去回答如此空洞而愚蠢的诬蔑。他将怎么办呢？如帕斯卡尔（Pascal）所说，怎么样证明人家不是魔鬼？然而当他被索邦（Sorbonne）大学一个惩戒所威胁时，他却稍有一点忧虑。尽管他表现出来的也不过是觉其可笑而已。

在这个惩戒宣布不久以后，有几位教士及名为讷维尔（Neuville）的耶稣社分子，在巴黎及宫廷中到处做反对《论精神》的宣传。

慈惠教派及杨选教派彼此的仇视那时是很厉害的。这两派互以背叛宗教的利益相攻讦；他们现在彼此都以最大热诚来反对哲学家以表示其非背叛，并昭雪自己：杨选派在议院中有不少的信徒，而慈惠派的势力则在凡尔赛。杨选派想要把这书的作者抓来烧死，而耶稣社分子就想仗着宫廷力量对其加以迫害。

这儿应当没有冤屈他们的就是：他们当中有些人是爱尔维修先生的朋友，正如耶稣社分子可以作为朋友一样。他曾经尊重他们的社团：在他的著作内，他讥讽过那样多的传道者及教师，却连一个耶稣社分子也不曾引说过。这些神甫们在这一点上是很了解他的；并且最初他们都是很和蔼地谈论他的书，同样也给他一些恭维；但当杨选派在宣扬他们是爱尔维修的被侮辱者的时候，耶稣社分子则马上起来与之相竞，教会的通信社也起来向他大肆攻击。伯尔杰再也不能保持其有礼的态度了。接着议院也准备对其加以迫害；耶社分子则以不曾党同构陷而受委屈。

他们中间有一个人，是爱尔维修20年来的老朋友（并且这种资格不许我把他指名出来）①，他想象他如果能够与一个哲学家

① 这就是普莱西（Plesee）或普莱克斯（Pleix）神甫。

翻脸，就是为他自己及他的会党做了一件无限光荣的事业。因此他暗中组织策划去反对他的朋友和他的恩人，拿着宫廷牧师那样的动人话语行欺诈之事，实行他的阴谋。

他首先向爱尔维修先生主张签一个否认的字据，他说这样可以获得王后的恩典并防备杨选派的毒辣手段。哲学家爱尔维修赞成在一种特别的文字上面，重述他已经在序论中所说过的话，即如果，与其初愿相违，他的主见中有些与人类利益不相宜，他就预先声明否认它们，并且他不保证他格言中的任何真理性，只保证他宗旨的正确和纯洁。

这个耶稣社分子，最初的居心是想得到一种否认，但他想要一个更切实、更详细，尤其是更卑屈的否认。他鼓动王后提出要求，他向爱尔维修先生指出这样解决的必要。但他什么也不曾得着。于是他写信给爱尔维修先生的夫人去恐吓她。不过，他又碰着一位有勇气的妇人，她决定与她的丈夫和孩子们搬到外国去。他又权衡了下，认为在哲学家的母亲那还有些成功的可能。她是被说动了，认为她的儿子对于王后所要求的行动是应该做的。她坚持着这个见解，这使爱尔维修心中难过良久，但终究不能动摇他。

他认为在他的书中，自己是以礼貌和保留的慎重态度解释过，这应当可以使他免于罪戾。而且，他自己是处处遵守法律的。他有一位王家的监察官，他曾经尊重其判断。他怎么能够有罪呢？即或他的书是有可以指摘之处，这也只能够问它的监察者；这一点是人们使爱尔维修先生畏惧的所在。他担忧这位可亲敬的监察官会受其牵连，为搭救这位监察官起见，遂应人家的要求签了字。

所以，为了曾经证明使人有德而且幸福之唯一的方法就是使个人的利益和一般的利益相调和，爱尔维修先生，受着正与伽利略（Galilée）因为曾经证明日心说所遭受的那种同样的待遇。伽利略既已跪着请求宽恕之后，起身时还自言自语地说道："E pure si mouve。"后代的人已经赞同了他的观点，并且后代的人越理解他，则越发会如爱尔维修先生一样着想。

我们有理由相信卑躬屈膝并不能让那些教士满意。他接到解除其公务的命令了，泰尔西耶（M.Tercier）先生，他的监察人，被削去其外交上第一等委员的官职。这些都是耶稣社分子弄出来的把戏。杨选派还想加重一点。当阁议的敕令只限于禁止出版这本书而放松了著者及监察人的时候，那不甚理解《论精神》这部书的议会，却还要去追究泰尔西耶先生及爱尔维修先生的罪责。

正当神学家的一派以侮辱一位伟大人物而弹冠相庆，而另一派还在希望将他抓来烧死的时候，法国的新闻记者，对于这些猛虎也随声附和起来。他们对待《论精神》正与其对待凡是超出凡庸以上的著作是一样的。他们的批评被人们重复地袭用着，就算那些有良善之德而与新闻记者只有在不赞同爱尔维修先生这一点上才有共同之点的人们，也一样地袭用他们的批判。

人们诬蔑他，说是除开在他之前的古人所已说过的外，什么也没有。自然，在他的书中，有些真理是古人已经发现了的。不过，在古代，它们是散乱的、孤立的，我们看不出存在于它们之间的关系。在爱尔维修那里则不然，它们是被联系起来的、互相依赖着而形成的关于人的学说体系。

"所有我们的一切观念来自我们的感觉"这个真理，在亚里士多德与伊壁鸠鲁（Epicure）里面都找得出来；可是，只有在洛克那它才被发展、证明，而且造成人类精神的认识基础。因此，这个真理就应该归诸洛克。

“橘生淮南则为橘，生于淮北则为枳”，这在蒙田（Montaigne）与爱尔维修的书中同样存在。不过，在蒙田，这个真理只是被当作一个不知其原因的现象而提出的。在《论精神》里，其原因却被直接指明了的。真理很少归属于只把它们当作单纯的断论说的人们，而是应当归属于那些能够证明它们、发展它们、把它们和其他的真理联系起来，并且使它们变得更加丰富的人们。

人们诬蔑爱尔维修先生缺少了方法。人们对于孟德斯鸠也曾有同样的指摘。然而这种指摘，只是那些头脑因为缺少注意及能力而没有把握到《论精神》及《论法的精神》(*De L'espirt* Des Lois）的总体，才会这样说。思想的线索在孟德斯鸠先生的著作中隐避了，这是因为他不得不常常省去中间概念之故，但这个线索并不因此就不存在。在爱尔维修先生的书中，线索也是隐避了的，因为中间概念或是很新很重要，他把它们推进、展开、美化。于是，精神为多数细节所动，遂失掉了主要思想的连续。然而，这并非意味着其不存在于作品中。

人们说爱尔维修先生提倡灭绝一切的德行，因为他**把利益作为一切行为的动力**。可是，爱尔维修先生之所谓利益究竟是什么呢？这就是对快乐的爱好，对痛苦的厌恶。他在这种说法中的归结点是什么？归结于这个真理：**在德行中也罢，在快乐中也罢，我们对幸福的欲望常常是我们的动力。**

人们冤枉他助长了风俗的堕落及放浪，因为他说过那在斯巴达人中、在塞米提人中、在我们的祖先中，那些往往由妇女的爱情所煽起的德行和对名誉的热诚。可是，在爱尔维修先生的书中，我们可以看出如果放浪在一个民族里面成了主宰的东西，那么，为要取悦于妇女的欲求就成为强有力的动力。而在快乐变成平常而容易的事，人们无需以劳作和行险去换得的时候，则妇女在那时就不会太被尊重了。

人们责备爱尔维修先生谈及私人德行的冷淡，而仅仅涉及小小的社群的德行。这并不是他没有意识到对于这类德行所应有的尊重，其实他是全都具有的，不过与那些有关于国家的光荣和幸福的德行比起来，它们是不大成为他主要研究的对象的；并且当这些伟大的德行一旦由良好的法律建立起来的时候，就成为一种必然的继续，不再是问题了。

许多读者对于爱尔维修先生不很满意的共同点，就是因为**他曾强调所有人是以同样的精神资质降生，没有哪个人不能由教育和劳作而使其达到天才境地。照他的说法，区分人类的只有教育。造物主之创造人是平等的。他把体质的、生理的组织之差异看成一点作用都没有；他设想接受感觉的内部器官，在所有一切的头脑中，都是一样的，它以同样的方式接受这些感觉，它在一切当中都是一样地易于活动，只有环境和教育才把牛顿（Newton）造成几何学家、把荷马（Homere）变成诗人，把拉斐尔（Raphael）变成画家，而且把如此这般的批评家变成蠢才。**他使用一切力量去建立这个见解；一直到现在他还未能使它取信于人，这是应该承认的。可是，他为证明这个见解而付出努力的过程中，使他把一个很大的真理弄明白了。这就是人们通常对**展开和构成我们的才能**、我们的本质的理解是偏颇的：**我们总是过于重视自然（生性），未能充分考虑到教育。我们生来就是围绕着我们的事物的学生**这个洛克的格言，由爱尔维修先生完全阐扬出来。还应当说，即便每个人不是带着与他人同样的资质而降生，但所有的人，在作大量的观察时，仍是被看成平等的。那要两千万人服从的立法家，必得着眼于一切同样的才能；而法律，正如自然的规律一样，必得是普遍适用的。它们不应挑选什么人单单对他启发其德行或天才。在细节上去观察人，去着眼于自然曾经摆在人们当中的差异，这是哲学家的事。可是，在立法家的眼中，这些差异被消灭了。

我不再对于那些反对这个世纪最优著作之一的批评上多做停留，我将谈一谈它在罗马被检查所处罚的事情。但这个由法国教友会所请求的处罚，在意大利没有得着任何结果。书在意大利被翻译了，得到称赞，而且再版。在教会内占一等高位的许多人，以及其他的人中间，如巴雪尼（Pass-jonnei）教主，都热切地写信给作者，感谢他所给予他们的快乐。另一教主，因尚健在，恕不指名，写信告诉他说“在罗马，人们都不曾设想到法国教士那种愚蠢和凶顽”。意大利的一切新闻都是极端颂扬他的。

这本书在英国也同样成功。书在伦敦被译出，第一年就印行了好几版。在苏格兰，休谟（Hume）和罗伯逊（Robertson）诸先生，把它当作卓越的作品谈论。有几位英格兰的诗人赞扬它。在这个开明的岛上，只有在追随着沙夫茨伯里伯爵（Milord Shoftesbury）的那些少数柏拉图哲学的信奉者中，才有些批评。

在德意志，爱尔维修先生的书首先出现两种译本，有名的戈特舍德（Gottsched）给其中一个译本做了一篇序言，在这序言中，他说如果《论精神》这部书，在法国与在那相信教皇不会衰微下去的国家，遭了处罚，那么它在新教及人们尚保守住他们权利的地方，定有成功。他还说：作者摧毁了那大不利于祖国的多种成见并且拿道德和立法的原则去照耀世界。

他的书，在所有德意志的诸邦政府中，莫不使人先睹为快。在瑞典且一直到俄罗斯，都同样地争相流传。瑞典女王向一个亲信说："我何等愿意与爱尔维修先生见面一谈！我至少愿意让他知道他所给予我的快乐。以我的名义写信给他，告诉他我是如何地赞美他吧。"

驻彼得堡的法国公使写信给他说："我到这里后，觉得俄国亦与欧洲他处一样关注你的著作。我怀着巨大的幸福感为这个民族的有识者作通译。关于你的身份，我与他们有同样的理解。我以公民和大使的资格，不得不认识而且不得不使人认识光耀我祖国的事物。"

少数法国人也对其赞不绝口，他们在自己的著作里，带着颂扬口气引述《论精神》这部书，在言谈中也热烈地为它辩护。伏尔泰先生给爱尔维修先生以极端推崇的证明：

> 你的诗仿佛是出于亚波罗之手：
> 你由此得着的结果只是我的感谢；
> 你的书是由圣洁的理性写出来的，
> 快快起身，离开法国吧。

伏尔泰供给他一个隐遁之所！安慰他，赞助他，鼓舞他的士气。他祝福他，主张他去过一种完全独立的生活，以便他能够应用他那对于真理的爱，他的口辩，他的文才。他同时还写信告诉其他的人说他是爱尔维修先生最真挚的党徒；说我们的民族是很可笑的，只要一个真理出现于我们中间，所有的人都悲泣起来，好像英国人遇着死人了一样。他并且说在英国，《论精神》一书对于作者所成就的只是一些私淑弟子及朋友，因为在英国人，没有假仁假义及小有才者，只有些教训我们的哲学家，及增长见闻的水手。他尤其请求他的所有同胞去效法英国人具有的那种宝贵的思想自由及对于学校之无用的深刻轻视。他确证地说很久以来他不曾见过那样高尚纯洁的人，在本质的事物上面，很少有人与爱尔维修先生的想法一样。

这样多的有名的推许，《论精神》一书之迅速地接连着出版、在一切国家里面的成功，令作者可以自信已成就一部有益于人类的书籍，世界感动之光明灿烂的标志、他的名誉之温和的情感，如此等等很快地医好了阴谋和嫉妒使爱尔维修先生所受的创伤。他从来不曾这样幸福过。

他这年的大部分时间是在沃雷过的。他是贤夫贤父，为其妻和子所爱戴，在那里享尽家庭生活的一切快乐。这个家庭的幸福，即使那些生性最不觉察这种幸福的人，都注意到了。一个出色的妇女谈及他们时尝说："那些人，决不像我们那样说出我的丈夫、我的妻子、我的孩子这些字眼的。"

爱尔维修先生，很久以来，又为自己预备了幸福之又一来源。他刚刚做了阿勒地方的主人，他就尽量地发挥他的慈善心。

这个地方，有一位士绅名叫瓦斯贡西尔先生（M.de Vassceoncello）。他仅有一些微薄的财产，对于封君还担负一种年金，有许久不曾偿付过。爱尔维修先生在购买其土地时，同时就把人家所负于沃雷的债权也买过手来了。那些办事员为奉迎新的封君，就很严厉地催索人家的欠款。他到了没几天工夫，人家就向爱尔维修先生报告了瓦斯贡西尔先生。这人就对爱尔维修先生说：他的家境，多年以来就无力偿付予阿勒的封君所应偿付的；在目前，他不能全部偿付；但他约定在将来按年付清而且付出一年的拖欠款。并且他说，如果超过这个要求，如果持续地涉讼，将会使他破产，无法生存。哲学家就答复他说："我知道你是一位直爽的人，而且你并不富有。你在将来尽你所能偿付我就是了。这里我给你一个字据，免得我们的办事人来搅扰你。"他给了他一个总清收。瓦斯贡西尔先生马上跪下去说道："啊！先生，你搭救了我的妻与我的五个孩子的生命了。"爱尔维修扶起他来，与他亲吻。以最高贵、最和蔼的态度与他谈话，并给他一千里弗（Livre）[①]的资助去养活他的孩子。

其他的绅士、邻居，或爱尔维修先生的属下，在有困难时，都曾求助于他；有几个还是预为之备的。凡是当着战争需要成立一个队伍，或供给一点辎重；凡是有孩子需要养活，一个家产临着破败，都可求助于沃雷的封君。在这个阶级的一切人中曾受过他恩惠的，我们只举出爱丁（Etaug）先生等，他们永不愿意含默他们所曾沾过爱尔维修先生的恩惠。

如果他的农民遭了一些损失，或者年成欠丰，他就首先免租而且常常给他们以金钱。他在这个地方，有一位固定的外科医生，这是一位有功绩的人。他曾开设一个备有一切的药房，那里的药是供给于凡感需要的一切人，只要有一个农人害了病，他就可以得着肉、酒，以及他那病体所需的一切东西。爱尔维修先生还常常去看他，安慰他，多方设法使其感着良好的调养，有时还亲自去服侍他。他有个很靠得住的停止讼事的方法，这就是他首

① 法古币，后为法郎（Franc）所代替。——译者

先付出那与讼的东西所值的底价。

他是那些存心行事都颇善良的农民之真挚的朋友。他是被人称颂的，有一些老年人、衰老妇女作陪。这些人虽然举止粗鲁，但却是正直的，常做好事。

他常常以一个美妙的情景去娱乐那些朋友，这就是他走到乡间，妇女、老人、小孩都包围着他、与他亲吻、狂呼，他们见到他都高兴极了，乃至流下了泪。临走的时候，他的四轮马车后面总是长久地尾随着一群人，这些都是他的属下或者邻居。

他鼓励在他那些田土中的一切的劳动；并且他还想鼓励沃雷的工业发展，因只有工业才能够让居民过一点宽裕的日子，这是那些贫瘠的土地所不能提供的。他尝试过使人制造线织花边。可是一直到现在，这个尝试还没有成功。他在另一产业中比较好些。在被那些不忠心的，或很蠢笨的职员欺骗之后，他终于设立了一个制袜厂，一天一天做出些新的进步来。

他把整个早晨用于思考和写作。剩下的日子，他就去寻找消遣。他喜欢打猎，但为使打猎成为最愉快的事，他并不想多得猎获品。真的，无论由于他人或是由于自己，他都是一样不高兴猎杀那些禽兽。但是，他的周围有许多偷猎的人。尽管他严禁偷猎，可是看守的人，是知道他性格的，因此并没有怎么严加看管。有一天，一个农人竟至跑到别墅的窗前去打猎。爱尔维修先生禁不住大发脾气，吩咐就近侦察此人，见着时即立刻拘捕起来。第二天，人家给他把犯事的人引来了。爱尔维修先生非常愤怒，他站起来奔向那个到别墅院子里偷猎的农人。他看了他一阵之后，向他说："我的朋友，你太对不住我：如果你需要猎获品，为什么你不向我请求呢？假使你请求，我会给你的。"说了这几句话之后，他就把这农人释放了，而且给他一些猎获物。

可是，爱尔维修夫人，讨厌盗猎的厚脸，向她丈夫力说如果不加以惩罚，他们仍会继续来打猎的。他也承认这话有理，且允许严办。他吩咐他的看守者，凡是在他地面上打枪的，都要处以罚金而且解除他的武器。在这命令下了不久以后，他们拘获了一个打猎的农人，没收了他的枪，拘囚起来，要等他付了罚金之后才能放走。爱尔维修先生知道这件事了，秘密地去找这个农民，怕他受爱尔维修夫人的责备。在已经使这个盗猎人答应对于他们所要做的事紧守秘密之后，就把枪所值的价钱付给他，并且把能够支付罚金和实用的款也交给他。爱尔维修夫人，自己也不安，对她那些孩子说："我成了这个穷人破产的根源了。因为煽动你们的父亲去惩罚盗猎者的就是我。"她命人引她到那使她动怜悯之念的人的家里去，她问他付了多少罚金和费用，以及枪的价值。她全都付给了他，而这位农人接受了钱且未泄露他与爱尔维修先生的秘密。①

同年，在回巴黎的归途中，他遇见了一件小小的意外，证明他的哲学及他的慈爱决不曾离开他。他的四轮车被一部载着木头的两轮车阻住了。这部两轮车本是能够转动一下让出路来的。但它并没有这样做。爱尔维修先生很不耐烦，把那个推车的当作恶徒看待。那个农夫向他说："对的，我是一个恶徒而你是一个尊贵的人；因我是步行而你是坐马车的。"爱尔维修回他道："我的朋友，我请你原谅。但你方才给了我一个好教训，我应当付价

---

① 几个喜剧如，《那都斯迪的在沃雷的爱尔维修》（*Ladoucette Helvétius à Vorè*）、《爱尔维修的事迹》（*Un trait d'Helvétius*）、《昂得里幼（Andrieux）的爱尔维修或贤人的报复》（*Helvétius ou la Vengeance du sage*）都追想沃雷的慷慨封君。

的。”他遂给他六十法郎，并且使手下人帮助他把车子弄好。

在他的地方上过了七八月以后，他又把他的家眷带回巴黎，并且与几个分属不同阶层的朋友在巴黎过着最充实的退隐生活，他们的习性与他很相契合，而且很明哲通达。他在一个星期中只拿一天与人作单纯的交际。这一天，他的屋子便是国内外大多有勋名的人聚会之处：王公、大臣、哲学家、文学家、大封君，都热切地来认识这位爱尔维修先生。

这种愉快的生活，因两个适意的旅行而中断。他想去看看英国，并且认识这个有名的国家——欧洲如许的光明都应归功于它。他想考察良善的法律与周密的行政之结果。他于 1764 年 4 月动身赴伦敦；他被英王、大臣、学者招待，正如招待一位著名的、其声誉已经超过他们的人物。他游历过乡村，觉得那些地方的耕作并不比法国好，但那些农民却要幸福些。他指出英国内地的人民很重人道，并没有外人常常责备伦敦居民所有的那种傲慢。

当通过约克郡（Yorkshire）的一个村庄时，一个笨拙的车夫，把他冲翻下来，车箱的玻璃片损坏了，车夫受了很重的擦伤，呻吟起来，爱尔维修先生，那时虽被玻璃的碎片弄伤了，下车时满手流血，然而他却只是注意那个车夫的伤。跑来援助他们的几个农民，见得这种人道的表现，告诉了其他人。是时，爱尔维修先生被全村居民围绕着。所有的人都忙着向他贡献房子、马、饮食，以至各种的援助。有好些人，并且有些是很有钱的人，都愿给他做车夫。

他察觉在英国人中间，对于他们的子女有一种极端的爱。法国所谓的社交精神，几乎是他们所不了解的，但他们享受了很多家庭生活的温柔。法国的社交精神，是在巴黎集聚许多只知寻欢作乐的人。而在英国人，则团结同胞为其祖国的福利与繁荣而努力。他们并不寻找消遣行乐，因为他们有的是持久的幸福。在英国很少见着那多半是浪荡的标志而很少是幸福记号的笑容；但我们在这里所见的人都是从容不迫而善用时间的。我们见着一个严肃、勤劳而且快乐的民族。爱尔维修先生，当离开这个不见有含冤负屈而感痛苦的人们的国家时，不禁为之流泪。

接着这一年，他就用以酬答普鲁士王及很多王侯的诚意，因为他们很久以前便邀请他到德国去旅行。人们知道他能够决定去旅行的时候，邀他的恳切更加厉害；他于 1766 年冬尽动身。他忙于到柏林和拜访其地的一个伟大人物。普鲁士王愿意留他住并同席吃饭，常常与他聚谈，拿他所有对于他精神的崇敬去爱护他的身体和性格。在德国许多侯王那里，他都受着一样尊敬的接待，尤其是在哥达（Go-tha）。

在这些宫廷及法国的贵族之中，他注意其哲学、爱情、秩序，以及人道。他由这种精神所得的结论是：许多侯王虽大多数是专制的，但在其束缚之下的人民，却并不痛苦。那时，爱尔维修先生在法国还有些要遭受虐待之恐惧。德国的一切侯王都向他表示欢迎他去隐居。所有的人都想留住他。所有的人都为他的处境担忧，可是，如果他还会被攻击，那么他选择的隐遁之所乃是英国。

待他回到法国时，人们已经把耶稣社解散了。这个阴谋家的会社，这个为所有一切没有价值的野心家所附和的、为风俗和光明之进步的大患的会社，并不曾为哲学家所扫除。如果这样，他们也只打倒这个会社，而好好地待遇个人。对于杨选派，议会对待会社倒还恰当，但对于个人则很野蛮。

爱尔维修先生知道了那位曾经欺骗他、背叛他友谊的耶稣社员，曾经使他失宠于王后而煽动宫廷中那些假道学起来反对他的那位耶稣社员已被谪贬斥逐到一个乡村去了，在那里他感受着衰老和极端贫困的痛苦。他去找着这位不幸者的一个好友并给他五十个路易[①]，对他说："请把这笔钱转送……神父；但切莫说是由我这里来的。因为他曾经反对我，恐怕他会以接受我们的援助而感觉屈辱。"

爱尔维修先生，在沃雷退休时，就从事于《论精神》这部书的原理推演和证明。

他首先从事于辩白，回答那些批判。辩白工作方竟而批判已经被忘却了。他遂放弃这个计划，而很高兴地循着他最初的观念，作成一个教育的一般计划。这就是他那部《论人》的课题。

这部作品就是《论精神》的续编。这乃是把真实的观念之同一的基柢，加以更大的进展，或者在原理上来得更深刻而在效验上来得更广大。在他的计划中，并不准备生前把它发表出来，他没有工夫对于这个作品给予如对《论精神》一书同样的精雕细琢。迫害的强暴，曾经大大地减低了他对于名誉的爱。在这以后，那为求有用的欲望还能推动他。他的心灵是很显然地为他的著作有一天定然产生的益处所动；但他不再想提供什么给大众了。

他因为遭受阴险宵小的极端迫害，所以没有什么私淑弟子，也没有任何保护人。他认为这是很悲苦的，可是他却并不惊奇。

① 法古金币名。——译者

他说：**“决不能有害于人类的、亦不能对于所谓国家这个巨大社会有害的真理，是往往与那居人民之首的少数人的利益相反的。”**他们不住地互相攘夺，并且大家都攘夺其祖国，祖国仿佛像一个大家庭，年长的大哥，不要年幼的弟弟得着任何分配。这些集团怎么可能认可向他们说“首先，要做国民，这是你们的职分；热忱地去完成它吧。这就是你们的权利，保守着它们，不要扩大”这些话的哲学家呢？那些智识浅薄而秉性骄傲的大臣，不能看破这些自行其是的权力滥用；而那些成就国家之构成基础的人，则为旧习所引导而遵循着它；他们丝毫没有深思熟虑的习惯。他们会采取这种习惯吗？然而要想改正这些由哲学给他们指出的权力滥用，又必须那样做。他们对于亲信，对于亲属，有很多的幻想、权谋。你们相信他们能够很耐心地倾听人家说他们只应该把国家的福利放在首位吗？他们所需求的是什么？就是决不遭受什么反对。对于此，应当怎样做呢？这些为各部大臣所默认和宽纵的权力滥用，究竟有害于谁呢？有害于祖国吗？它不过是一个空名罢了。有益于谁呢？有益于大人先生们。请你们判断一下，这些大人先生，对于向他们主张要和平与正直的这一派人将如何着想呢。王公大人们是被教士这般在愚昧世纪统治王公和人民的人所包围的。如果世界开明了，他们再也不会被重视了，人家对于他们只是看成可笑的人或每每是危险的人，大家能够知道他们这种狂悖的恶意见，即他们用以粉碎哲学的恶意见吗？那么我们就不必惊奇他们在其很受欢迎的朝廷那里说：上帝曾经赐给你们以权力；他又付托我们把这事告诉人民。不用劳你们去制定好的法律、去做些忧国的榜样，强迫人民相信我们，并且让我们放手去做：这个比较轻巧得多。

你们瞧瞧，我们旧时政府的人物以及幸臣们的贪污；这般人，岂肯安安静静地让人家证明他们的财富来路既每每不合法而使用又可厌么？他们会同意人家对于这作为他们的倨傲之养料的同一财富而感受着羞耻吗？你岂不是看见哲学在王宫乃至茅屋都是被那舆论之决定者的社会阶级所胁迫吗？在这个阶级面前哲学要自卫吗？可谁才是它的裁判者呢？蠢汉而已。不过，你会向我说，在国内，有些令人崇拜的文学家并不在哲学家里面，然却采用哲学家的原理，加以修饰而传播出去。我可以回答这种人是很少的。凡是仅具有精神的人，都是为天才所屈的对手而且讨厌天才。你在笛卡尔与高乃依（Corneille）的谗谤者里面，并且距你最近，在伏尔泰、孟德斯鸠、布丰（Buffon）与丰特奈尔的谗谤者里面，也许能数出几个文雅的人来。哲学使文雅的人及小有才能的人得着他们正确的评价；他们利于与那些反抗一切自由思想、无用而且堕落的人们随声附和。你知道在英国革命之后，哲学在那里为什么被尊敬而且很幸福吗？这是因为在英国，一般的利益与特殊的利益并不冲突；这是因为在那里盛行的是对秩序的爱和对祖国的爱。如果真实的荣誉、国民的精神、真实的德行永不产生于哲学遭受虐待的国家之内，哲学在那里也会被人重视的。反之，如这些国家陷入于专制主义之下，因而逐渐堕落起来，哲学也是会永被禁制的。

爱尔维修先生所以回复到他最初的才干，而只努力于完善他那篇《幸福》的诗正是由于这些观念。这个才干，他从未利用过，但不曾衰减。这由他在去年夏天所做的四韵诗及一篇叙事诗，也可以判断出来。他打算在这个作品上面用多年工夫，并且要他的朋友和他自己满意的时候才发表。什么完美的程度他不会做到呀!

从1771年之初，我们就觉得在他的脾性与兴趣上有了变化。我们再找不着他那寻常的安静了。他对原先最喜欢的谈话也不大喜欢了。体育活动使他感觉疲乏，他再也不去打猎了。这种变化并不使他的家庭和他的朋友悲伤。还早得很，人们并不把这看成衰弱的暗示。人们把这归诸精神的原因。这最近的几年乃是一般的不幸的年代，这是爱尔维修先生深深地感觉到的。财政的紊乱与国家的变更造成普遍的枯窘。在首都和王国内有大量的人自杀，便是这个枯窘之悲惨的证明。物质的不幸更加剧了穷困，雪上加霜的是收成也不好。穷乏闹了许久，赖有爱尔维修先生的慈善，才使他的属下得以免受痛苦。在这些不幸的年岁中，他老是在他的乡下过日子，这乡村正需要他，因而更加成为他所钟爱的。此外，他所不能解慰的贫苦景象，使他在巴黎逗留的日子成为凄惨的日子。可是，他还是做了不少的善事。每天，人们都很神秘地引导几个慷慨好义的对象到他家里去。每次当着他们的面，他吩咐房间里的侍卫："骑士，我禁止你说出你所见着的事，就是在我死之后也不许说。"

有时他甚至加惠于最坏的人，而且以此招人议论。他曾说："如果我是一个国王，我就会改正他们，但我仅只是富人而已，而他们是贫穷的，我应该救济他们。"

他的好体质及绝少生病的健康，似乎可以使他有一个长久的寿命。可是，他一天天地觉得丧失了力气。头部和胸部所患的骨节风症，首先夺去他的知觉，且很快地就夺去了他的生命。

1771年12月26日，他就别离他的家庭、他的朋友、那些不幸的人以及哲学而长逝了。

很少有人，受造物主的待遇有像爱尔维修先生那样的优厚。他从它那里接受了美、健康，以及天才。在他的少年时期，他便深受上天厚待。他的相貌是高贵且均匀的。他的眼睛展示在他的性格里面为主的是什么，这即是温和与慈爱。他有勇敢的精神，天然的爱，并且坚决反抗不公与压迫。

没有人比他更为坚信：要想遇事有成，必须有坚定的意愿。从他立志要干出一番事业以后，他也曾做过舞者，精于剑击。他是一个射击的好手、精明的理财家、优越的诗人、大哲学家。他曾经酷爱女色，但并不是为情欲，而是为感觉所牵引。在友谊中，他并没有过度的选择。他之交友用尊敬时多用柔顺时少。他的朋友，在他们的艰苦中，更为他所感动，因为他是豪侠好义的人，在生活之寻常过程中，他们就很少需要他。他的谈话每每是与充实自己观念的人交谈，他把这些观念有时乃至向那些不可与言的人说。他很好辩论，他推进些奇说以便于看着它们论战：他喜欢使那些自以为能的人用思维；他曾说他与他们一道前去“做观念的行猎”。他对于他人的自爱性是最为尊重的。他很少炫耀自己的高超处，有一些才智之士观察他多次，然很久都推想不出他的长处。他怕与大人物交际，他一与他们相对首先就有些局促和烦闷。他爱名誉与热情，并且他所感觉到的就是这个唯一的热情；它使他努力工作。但他的慈爱行为却并不是热情所启发的，没有哪个人像他那样小心掩盖他的善行。对于他专用于研究的时间，从不曾耗费于寻乐上去；就是他年幼时期，当出书房之后，除了有不幸的事而外，他从不肯中断他的研究。

圣·郎伯尔

# 序　论

我在本书内所检讨的对象，是富于意义的，它简直是新鲜的。一直到现在，人们对于“精神”，不过仅就其一切方面之几许下过观察而已。所有大著作家，在这一题材上面，都不过走马观花地加以一瞥罢了。使我增加勇气来论究它的，就是这个缘故。

对精神的认识，就这个词的全部含义来说，是与对人的心和热情的认识联系得非常紧密的，除了涉及一切国家的人所公有的道德，即在一切政府之内单以大众福利为鹄的的道德部分，要想对于这个题目加以论列，无论如何是不可能的。

我在这个题材之上所建立的原则，在我想来，都是与普遍的利益和经验适相契合的。我是由事实去追溯其原因。我以为我们研究道德，必须如研究一切其他的科学那样，并且立一种道德也必须像实验的物理学那样。我仅坚持这个见解，即我深信一切道德，其原则是于社会有用的，必然地与宗教的道德相适应，所谓宗教的道德，只是人类道德的改善罢了。此外，假使我搞错了，并且，假如违反我的初衷，我的某些原则不与社会一般利益一致，那么，这也只是我才器的过错而不是我宗旨的过错，我预先声明否认它们。

我对读者只有一个请求，即在罪我之前当先理解我；这即是要好好把握那贯穿我全部思想的线索；我请求读者做我的审判官而不要做我的党羽。这个邀请，并不是一个愚昧的自信的结果。因为我要本自己的微小聪明求得一个高明的意见，朝以为是、夕觉其非的回数，实在是太多了。

也许我所论究的命题是超出于我的能力之上的。然而，何人有自知之明，不会过分自信呢？我至少不会谴责自己不曾用一切努力来求得社会的赞许，假如我得不着赞许，我只有惭愧的多惊异的少。在这方面，是不能有求必应的。

在我已经论述的一切中，我所追求的只有真实，我对于真实并不单以道破为荣而是因为这真实是于人类有用的。假如我离开了真实，我将在我的错误本身中，找寻安慰的理由。正如丰特奈尔（Fontenelle）先生曾经说过：**“假使人们对于任何一种事物，都在要使尽愚蠢的假想以后才能做出一点合理的东西来，那么，我的错误对于同胞也就是有用的。因为我以翻船的教训，标识出了暗礁。”丰特奈尔先生还说：“凡古人在早不曾说过的，与所谓不曾道破的，我们一概不要说吧，这是何等的愚蠢呵！”**

我照样说：我对于我的作品只担保其用意之纯洁与正直。然而无论人们怎样坚持自己的意见，可是嫉视者的叫嚣是如此地被人喜爱，而其屡见的鼓噪是如此适于诱惑那般诚实有余而明鉴不足的头脑，以致可以说使人写起东西来都是战战兢兢，许多以充满冤陷的诬言横加于天才的人们这类败兴的事，仿佛已可预测愚昧时代的重来。在这种情形之下，只有在才思庸碌之中才可以找着避难所，逃避嫉视者的加害。凡庸现在变成了一种保护，而这种保护，就在我自己，也是必须借重的呢。

此外，我相信嫉视者要想诬蔑我居心伤害任何国人，总是很困难的。在这部书内，我所观察的，决非某某特殊的个人，而只是一般的人、一般的国家，以此性质，就可以保障我免受恶意的毒害。我还要添说一句，只要是读这部“讲话”的人们，就能看得出我是爱世人的，我渴望他们幸福，我不仇视亦不蔑视他们中任何的特殊者。

我观念当中的某些内容，也许不免有些轻率。假使读者断定它们错了，那么我请读者在责难中不要忘掉：伟大真理的发现，每每是由大胆尝试中生产出来的；而把谬误推进一步的恐惧，决不应该使我们从追求真理的路上折转下来。枉自那般鄙贱卑怯的人，想要驱逐真理，有时还给它加上些放肆的可厌的名色；枉自他们反复说真理通常是危险的东西。我们即是退一步设想真理有时也不免是危险的，但一国的人居然同意困处于盲昧无知之内，天下还有比这更大的危险吗？凡民族已经脱离野蛮及凶猛的时代而尚无曙光可见，那便是一个可轻贱的民族，而且迟早都必将被征服。这比那战胜高卢的罗马人的军事学还没有价值。

即使某种对真理的认识，在某一瞬间，使人感到许多的不便；但这个瞬间一过去，这一真理，对于一切时代、一切民族，就成为有用的东西了。

像这样，正是人间事物的命运；在任何一个时刻都不危险的东西是没有的，但人们就是要在这种条件之下尽其责任。以此意义，谁愿离开人道，谁便遭受不幸。

在禁止认识某些真理的同一时期，对于其他的真理也不会允许谈及。许多有权有势，同时又每每是蓄着恶意的人以绝口不谈真理就是聪明的为借口，而将真理整个地逐出宇宙。如此，只有开明的公众，懂得真理的一切价值，不断地要求真理。为取得真理所提供的利益，他们并不怕遭受莫须有的诽谤，在人的性质里为他们所最重视的，就是疾虚妄这种精神。他们知道思索一切并说出真相是多么有益。当其对于谬误允许驳斥的时候，谬误就再也不是危险的东西了。它们将会很迅速地被人识破，并任由自己埋葬于忘却的深渊里，这时便只有真理永世长存。

# 第一讲　精神的自体

我们本身具有两种能力，或者，可称之为两种被动的力量，而其存在是普遍和分别被承认了的。

一种是接受外在事物加诸我们各种印象的能力：人们称它为“肉体的感受性”(Sensibilité Physique)。

另一种是保存这些事物加诸我们印象的能力：人们称它为“记忆”(Mémoire)。所谓记忆，只是一种继续而较微弱的感觉。

这些能力，我把它们看作思维所由产生的原因，而且是人与兽所共有的东西。假如它们在我们身上不是与一些外在的官能组织相连，它们只不过能够供给我们以一极小数目的观念而已。

假设大自然不给我们生出屈伸自如的手和指，而在我们的拳头上长就一个马蹄，那么谁怀疑，无技能、无住所、不能抵御兽类、全部精力悉耗于找觅食物躲避猛兽之上的人们不会如东奔西跑的兽群，彷徨踯躅于森林之中呢？①

然而，在这个假设里，任何社会都不会产生我们现在这样的文明所能达到的高度。任何一个民族，如果以它的语言中删去以使用我们双手为前提的弓、箭、网等词，那它在精神的事实上，就一定很不如某些只有不到两百个观念、两百个述说其概念的语词，因而其语言如禽兽一样只归结为五六种声音或叫声的野蛮民族。由此，我可以得出结论说：没有某种外部官能的组织，则感觉和记忆，在我们身上，只不过是一些无益的能力罢了。

我不能停留在这个问题上面多做论述了，我且回到本题去，

① 对于兽畜的心灵，人们已有不少的记载。人们翻来覆去地曾说它们有与没有思维的能力。这也许是在人及兽的生理的差别之间，人们尚未十分精确地探究出所谓兽类的心灵之低下的原因。

1. 一切兽类的蹄都或者如牛羊之成为角质，或者如犬与狼之成为指爪，或者如狮猫之成为锐爪。如布丰先生所说，在我们的手与兽类的蹄之间所有的这种构造上的异点，不仅使兽类完全没有感官的接触，而且还不许它们有使用任何工具的灵巧以及有手即可成就的任何发现。

2. 兽类的生命，一般都比我们的要短促些，这限制了它们像人那样做出如许的观察，因之，得着如许的观念。

3. 兽类天然的躯体，就比我们武装得好些，衣着得好些，在这方面比我们的需求少得多，因此自然也就于此甚少发明了。贪食的兽类，比起其他的兽类通常都要聪明些，这是因为饥饿的教训使它们变得狡猾，以便捕取其食物。

4. 兽类在人的前面，没有坚固的结盟，易于被消灭；而人则以自己制造的武器，使兽类中最狰狞者亦觉其可怕。

此外，人在地球上是为数最多最会繁殖的兽，他能够在一切气候中繁衍和生活。至于兽类，其中之一部分，例如狮、象及犀牛之类，就只有在某种气候之下才能存在。

而富于观察的感受性的兽类，越是繁殖，则此种兽类越发具有思维与精神。

但是，人们或者可以这样问：猿猴的脚，差不多与我们的手一般地灵巧，为何猿猴的进步远不及人呢？这是因为有许多地方猿猴远不如人类。例如：人在地球上数目最多；在各种猿猴当中很少有力气可与人相比的。猿猴是以果实为营养，需求较少，因而比人类少有发明。此外，它们的寿命是很短的，在人与虎、狮等兽类面前，它们只能形成涣散的易消减的社会。最后，它们还受官能组织的限制，好像儿童一样，即使在需要已满足之后，仍是运动不息的。它们不感觉烦闷，如我在第三讲里面之所证明，这是应该看作为人类精神之改善原则之一的。

所以，在人与兽之肉体的方面，只有符合这一切后的不同之处才能够说明人及兽有公共的本能如感觉和记忆，而在后者方面，这些只能说是没有出息的本能。

也许人家会责难我说：没有不义之行的上帝不会把无罪的创造品置诸苦痛与死亡之下，因此，所谓牲畜只算是纯粹的机器。我可以回答这个责难：圣经与教会，从不曾说兽类是纯粹的机器，我们可以不知道上帝对于兽类所施行为的理由，而假想出一些正当的理由来。这没有求助于马勒伯朗士（P.Malebranche，1638—1715，法国的哲学家，《真理之探索》的作者。——译者）妙论的必要。当人家对他说兽类亦有苦痛之感觉时，他便滑稽地回答说“显然它们是曾经吃了禁止吃的果子”。

我说肉体的感受性和记忆，或者更确切地说，只有感受性产生我们一切的观念。实际上，记忆只算得肉体的感受性的官能之一种：在我们身上，感觉的要素，必然地就是回忆的要素，因为我马上就要证明“回忆”(Se resouvenir)，认真说来，就是“感觉”(se sentir)。当其由于我的观念的一个连续或由于某种声音在我的耳官中所引起的震动，使我忆起一株橡树的影像，于是我的内在官能，必然地差不多在同一情境中，觉得有此橡树的光景。然而，官能的这样情境，要不可非难地产生一个感觉：所以很显然地回忆就是感觉。

但是，人家还可争辩说：当其在审判的时候，假若在国王心中，公正是较重于慈良的，那么，我们就可以想象一个判断只是一种感觉而已吗?

这个意见，无疑地首先就带着不近情理的样子。然而为要证明其中的真理起见，我们就假设在一个人心中有所谓善、恶的认识，而这个人还知道一个行为之或多或少的坏是依它对于社会福利的害处之或多或少而定。在这个假设内，诗人与演说家为更鲜明地使人察觉出那被国王看得比善良更重的公正而使审判取得更多市民的同情，究竟应该使用什么技术呢?

演说家将为这个人的想象，叙述出三种情形：第一种情形，把他描述成公正的国王，说他处罚罪人而且执行死刑；第二种情形，这位慈良的国王，他把这罪人的囚门打开，释放了他；第三种情形，他将这罪人，表现成这个样子：他握着利刃，跑出牢门，屠杀了五十个市民。在这三种情境之下，哪个人不会认为以处死一人去预防死五十人的公正，在国王方面，应是重于慈良呢？然这个判断的确不过是一个感觉罢了。事实上，若以把某些观念与某些文字联合起来的习惯，可以像经验所证明的那样，当某些声音震动耳鼓时，在我们便引起差不多与实在事物当前同样的感觉。在这三种情景之前，很显然地，之所以能断定一个国王心中公正是重于慈良的，正是由于感觉到第一种情景只牺牲一个市民，而在第三种情景则有五十个人被杀。据此，我可以得出结论说一切判断只是一个感觉。

激情（Passion，或译情欲）之所以会将我们导向错误，是因为它们把我们的注意力固定在当前事物的一方面而不许我们从各方面去观察事物。如一个国王喜欢战胜者的头衔，他说：胜利在世界的彼端呼唤我；我攻打、我战胜、我粉碎敌人的倨傲，我拘囚着他们，而且我的威名，有如不能超越的城墙，禁止对于我的帝国的侵入。他迷醉于这些希望，忘掉了幸运不是恒常的，忘掉了贫困的重负差不多是由战胜者和战败者平均担任的，他全然不觉得人的财富只是牺牲在他的穷凶好战的托词之下，而整备武器展开军旗的就是他的骄傲，所有他的注意力，只在于那凯旋的车辆与利器。

恐惧这个东西的势力并不小于骄傲，它亦会产生同样的结果。我们可以看见它创造些鬼怪，散布于坟墓的周围，在深暗的森林里，出现于心惊胆战的旅客之前，去占据他灵魂的一切能力，不给它留下任何自由去考察这样空虚的恐怖的缘由之荒唐无稽。

激情不仅只许我们观察其所呈现给我们的事物的某几方面，而且陷我们于错误，欺骗我们，往往给我们幻示这些同一的事物而实际是并不存在的。人们都知道一个教士与一个多情太太的故事。他们听着人家说月球上有人居住，就信以为然，手里拿着望远镜想要窥探月球上的居民。这位太太首先说："假如我没有弄错，我望见两个人的阴影；他们是互相偎傍着的。我不疑惑，这是一对很幸福的情人……"教士说："嘿！太太瞧呀！你所看见的两个阴影，实是一座教堂的两口钟。"这个故事，就是我们的历史。最常见的，是我们于事物之内，只能望见我们需要找着的东西，在地球上与在月球上一样，不同的激情，常使我们或者看见情侣，或者看见吊钟。幻觉乃激情之必然的产物，而其力量之大小，是常与激情作弄我们的盲迷程度成比例的。这是不知哪一位妇人深切地觉察到的，当她的情人在她与情敌的拥抱中将她当场拿获的时候，她还敢对他否认亲眼所见的事实。他问她说："怎么！你之无耻以至于此……"她叫道："嘿！无信义的东西，我已看穿了，你不再爱我了，你相信你所看见了的胜于我向你所说的。"这句话，不仅适合于恋爱的激情，而且适合于一切激情。所有的激情，都使我们堕入于深深的盲迷之中。假使我们把这句同样的话，移用于最高贵的题目上去，那么我们就打开了孟菲斯（Memphies）的殿堂。将阿比斯（Apis）这牛呈献于诚惶诚恐并俯伏在地的埃及人时，祭司唱道："民众们！请就在这个变形物下，认识埃及的神灵吧！全世界最敬他、推蔽他与怀疑他的放诞者，地球上的厌物，人间的罪恶，都将被天火焚烧。不管你是什么人，你是否畏惧神灵和死者，在阿比斯中，你便只能看见一只牛，并且相信你所见的胜于我对你说的。"这些无疑就是孟菲斯的祭司所作的演词。他们，与已经说过的妇人一样，应当使人相信在人不是盲昧的时候，便也就不被强烈的激情所驱动了。但为何他们不曾相信呢？因为人们看出来，由这相类的结果，在我们身上可以产生微薄的利益。例如，当野心已经把两个强国武装起来，而惶惶不安的市民互相打听消息的时候：一方面，好消息是何等容易地使人相信！另一方面，坏消息是如何地叫人不肯相信！在一些修士心中的一个非常愚笨的信念，不常常使基督徒否认地球有东西两半球的可能吗？没有哪一个世纪，不存在滑稽的肯定和否认，准备做后一世纪的笑话，一件过去的蠢事很少使人明白眼前的愚蠢。

此外，这激情，应当作为无穷荒谬错误之根芽的，同时亦是我们的光明源泉。虽然它们使我们目迷五色，但只有它们能给我们以前进所必需的力量，只有它们能够把那常常准备来攫去我们心灵之全部能力的惯性与懒惰，连根拔除。

可是，这里不是检讨这个议论的真理性的地方。现在，我且进而研究我们错误之第二个原因。

当鼎鼎大名的罗什富科先生（F. de la Rochefoncauld）主张自利心就是一切行动的原则时，对于“自利心”这个名词之真实意义是多么无知，何以竟不曾引起人们反抗这位有名的作者呢？自利心，我们是把它当作骄傲及虚荣心来解释；因此我们假想到罗什富科先生是把一切善的根源安置于恶行之中。这是很容易看出来的，自利心或者说自爱心，不是别的东西，只是自然赋给我们的一种感情；而这种感情，随着驱动人的兴味和热情之不同，可以在每个人身上变成善或恶的自利心，由于相异的变化，同样地产生出骄傲和逊让来。

有了对这些观念的认识，也许可以预防人们对于罗什富科先生那样异口同声的责难，说他观察人类太重视黑暗方面了，他把人类如实地认识了。我承认照我们的意见，几乎对于一切人决然无情之彻底的看法，于我们的虚荣心却是一个愁苦的景象，但，我们应该恰如其本真地去看待人。若恼怒起来反对他们的自利心的结果，就等于埋怨春天的雹子、夏天的烈日、秋天的淋雨及冬天的冰雪一样。

要爱人，就不必期望太大：要看见他们的缺点而不至于失望，就应该惯于原谅他们的缺点，应当感觉到弱小的人类，是正在养成的贤哲，所以宽大就是一种公正。要能够使我们达到宽大，扫除我们心中的怨恨，纳入人道的及温和的道德的原则，那就再没有比对于人心的深刻的认识如像罗什富科先生所有的那样：最明见的人，几乎常常是最宽大的人。在他们的著作中，充满着怎样的人道的格言呵！柏拉图曾说："与你们的下级和你们的仆人生活在一起如与不幸的朋友生活在一起一样吧！"一个印度哲学家曾说："我常常听见富有的人叫喊道：天神，请给那夺取我们丝毫财物者以惩创；至于穷人，则举手问天，哀怨地说：天神，把你赐给富豪的财物赐给我一点。假如最穷苦的人取去了我的一部分财物，我决不要求报复，而且把这些窃物的人当作下种时候散于田间找寻食物的鸽子看待。"

此外，假使"自利心"这个词，遭了误解，引起许多心地狭窄的人反抗罗什富科先生，那么，哪个更严厉的争论，不曾利用过"自由"这个词呢？这些争论，若一切人，亦如马勒伯朗士之亲近真理，像这位灵巧的神学家在其《关于物理前定运动的思考》(*Reflexions Sur La Premotion Physique*）内承认"自由是一种神秘"(la liberté était un mystere)，那是容易结束的了。他说："当人们把我推上这个问题的时候，我就不得不一言即止。"这并不是因为人们对于"自由"这个词不能在普通的意义中构成一个明白的意思。自由的人，就是未受桎梏、未被囚禁、不像奴隶那样由于恐惧刑罚而畏首畏尾的人。在这种意思内，人的自由即是他的权能之自由的行使。我说他的权能，因为若以无权能做的事——如要我们像飞鹰之穿云、鲸鱼之潜海和把我们变成国王、教皇或皇帝——为非自由，那就觉得滑稽了。

我们看出论争与困难之永远的根芽，常包含着字义之真正解释的愚昧。我们姑且不谈那些由仇怨而起的流血及神学的争执，几乎都是完全建立在对文字的滥用上的争执，这个愚昧，还有什么其他的不幸没有因此产生呢？难道它还不曾把民族陷入于怎样的错误之中吗？

这些错误是出人意表地增多起来。我们知道一个瑞士人的故事：人家叫他去看守杜伊勒里宫（Tuileries）的一道门，吩咐不准放人进去。有一位市民走到那里，这瑞士人向他说："不准进去！"市民回答："是的，我不想进去，但只从皇家桥（Pont-Royal）[①] 那面出去……"瑞士人又说："啊！假使是要出去的话，那么，先生你可以通过的。"[②]

这一讲的总结论是：精神或者可以当作我们思维生产的能力看待，在这个意义之下，精神只是感觉和记忆；抑或，精神可以

① 法国古时巴黎的王宫。——译者

② 蒙田说：当我们看见一位掌玺官穿着长袍、戴着假发、装模作样，他并不是自己要做出最得意的样子，而是要把自己成就一个结婚的工作同一掌玺官描画出来。当我们见着有些土耳其的经国大臣以一种深谋远虑的样儿与很严肃的端庄表情，会集在朝廷上，正如瑞士人一样发表意见作出结论道："哈！如果是要出去的话，先生，你可以过去的"，也许我们一样会发笑。这句话的应用是很容易很常见的，我们在这方面可以相信读者的敏觉而且给读者保证他们可以在一切地方，都找着瑞士的哨卒。

对于这个问题我情不自禁地还要举出一个有趣的例子来：这就是一个英国人对一位国务大臣的回答。这位大臣尝对侍臣说：世上再没有比黑人的有些民族之内举行阁议更为滑稽的方式。请你想象在一个议事所内，列着大半盛着水的大瓮或水盆：在那里到了一打数目的、赤身而行步庄严的国家议员，进了这间屋子，每个人跃入瓮中，水没齐颈；他们就在这种情形中商议国家大事。你不会发笑吗？这位大臣向他旁边最近的一个封君这样说。他回答道："我天天都看见些比这更有趣的事嘞。""怎么？"这位大臣又说道："这是一个国家，形成国务会的只是些巨瓮。"

看成这些能力自身之结果，而在第二个解释里面，精神只是许多思维的集合，在每个个人，可按其所有的若干观念而把它分成若干的部分。

这就是就精神自身观察时所呈现出来的两种情况，现在我们再来探讨精神与社会关系。

# 第二讲　与社会相关的精神

尽管某种技术看来似乎是有些轻佻，但它总是能够得到无限配合的。当马塞尔（Marcel）举手扶额，定睛凝神，身子动也不动，在深深地默想中看他的一个学生跳舞时，突然喊道："这一古式舞蹈是何等地有意思呀"！这是一定的，这个跳舞者，在那屈伸俯仰、进退前后、步法协调中，看出许多平常人所不能瞧见的巧妙，而他的惊叹，亦只有把过大的重要性加诸细微事物时，才算是可笑的。但是，如果跳舞的技术包含着繁复的观念和组合，谁个知道讲谈技术，在精于此道者的自身，其假定的观念之多是否正同一个政治家所用以构成一个政治制度的观念是一样多呢？当我们欣赏我们的好小说时，谁能保证：在一位艳丽女子的举止装饰及经过考究的对话里面，其所放入的观念及组合不会与那世界的某些体系之发现所需的是一样的，而在十分相异的各方面，谁保证勒库夫勒（Lecouvreur）①、妮浓·德·棱克娄（Ninon

① 1692—1730，法国的悲剧女演员。——译者

de L'Endos）[①] 不与苏格拉底和梭伦具有同样的智慧呢？

我现在并不企图严格地证明这个问题的真理；但单单使人感觉这个问题的表现虽尽管可笑，但却没有人能够很正确地将它解决。

我们被我们的无知所欺的回数太多了，我们所以为一技术之界限的，就是这同一无知所给予技术的。不过，我们姑且假设在这方面能够提醒大家，我可以使大众明白，人们对于下判断的方式并不会有丝毫的改变。社会之尊重一个技术，决不单单以这技术达于成就所必须配合之数目的或大或小为标准。第一，因为这个分析没有实施的可能；第二，因为我们对于精神只有用这种观点，即认识精神殊为重要的这种观点，换句话说就是用其与社会的关系，加以评价。所以，在此情形之下，我主张：精神不只是新的观念之或多或少的集合，而且是于社会公众有关系的观念之或多或少的集合；大家给富有思想的人以名誉，很少是根据我们观念之数目与精炼，而多半是由于我们观念之幸运的选择。

事实上，如果棋的配合是无限的，如果精于此道的又为数不多，那么，何以社会人士不会把下棋的高手称为大智者呢？这只是因为他们的观念既不能用以娱乐大众，又不能用以教育大众，而社会没有丝毫尊重他们的利益。所以利益主持我们一切的判断。假如社会大众常常在少数场合中做出这些谬误，即：发明一件东西有时被假定为较真理的发现需要更多的配合和才思，假如他们对于洛克较对于马勒伯朗士要尊重些，这就是因为他们常常在自己的利益上面去考量我们的尊重。除此之外，他们可以用什

① 1620—1705，法国才貌双绝，交际最广，有名于世的妇人。——译者

么衡量人们思想的价值呢？每一个人，都用他所感受的快意与不快意的印象去判断事物与人。众人只是一切个人的集合。他们只有以自己的利益作为判断的准绳。

我所用以考察精神的这个观点，我以为就是精神被加以考察的唯一观点，这便是用以估量每一观念的价值、确定我们的判断之不确定性、最后发现在精神上人们意见产生惊人分歧的原因，这是唯一的方式。这些分歧，是绝对地依属于他们的热情观念、成见、情感，因之他们的利益的。

事实上，这也许是很奇异的，就是一般的利害给人们各种行为定下价值，按照它们对于众人有益、有害，或者无益、无害，而给它们以善、恶或者可以允许等等名称，并且这同一利益还不曾是对于人们观念所系的尊重或轻视之唯一的分配者。

个人给行为以公道的名称，是由于这些行为的习惯对于个人有益。我说行为，是因为人们决不是意旨判断者。怎么才是这种判断者呢？一个行为，几乎决不是情感的结果；我们自己经常昧于决定我们的动机。一位富豪，使一个有才华却贫困的人发财，无疑地，他做了一个好的行为。然而，这个行为是否单为使一个人有幸福的愿欲而生的结果呢？怜悯、感恩的希望，以及虚荣，这一切种种动机，单独的或联合一起于其不知不觉中、即已决定他做出这个可称誉的行为吗？然而，如果人们自己经常对于自己的善行动机都莫名其妙，那么，一般群众又怎么能够看得穿呢？因此只有用人的行为，社会群众才能够判断其行为的公正。

我也承认这个判断方法还是不完善的。例如，一个人对于道德有二十度的热情，但他爱女人，他对于一个妇人有三十度的爱情，而这个妇人想把他变成一个杀人犯。在这个假设里，这个人与那对于道德只有十度热情而对于这个可恶的妇人只有五度爱情的一个人比较起来，更逊于大罪了。因此，我可以得出结论说，在两个人之中，其行为之最高贵者有时是对于道德的热情比较少的人。

所以，一切哲学家承认人的德性是无限制地依存于其所处的环境。我们所常见的，只是原本很道德的人，在经历事变后不幸丧其所守。凡是在一切可能环境之中，都能保持其德性的人必是一个伪善者，或者是自己也不相信的蠢才。

数目最多的阶级，几乎仅由它自己就形成了整个人类。身处于其中的人就是单注意他们的利益，从不把注意力加于一般利益之上。这些人，集中于他们所谓的福利，只有对于他们私人有益的行为，才予以高贵之名。一个裁判官，开释一个犯人；一个总长滥用一个私人干活；这些行为，在他们所保护的人看来，都是很对的。可是，假设裁判官执行惩罚，总长不肯任用他人，这在犯人和失意的人眼中看来，他们就是不公平的。

事实上，假使一个人能够为成为更加诚实者的自尊心而牺牲其自以为比他人更有德行的自尊心，假使一个人能够以细密的注意力去探测其心灵的一切暗陬，谁不会看破人之称为善或恶的，仅仅是按照私人的利害之变化所采取不同的方式以为转移呢？谁看不出所有的人都是以同一动力而活动呢？谁看不出所有的人都同样地努力于其幸福的追求呢？谁看不出决定我们的善及恶的，正是那些对于社会利益有的适合有的违反的感情与兴趣之歧异呢？不要轻蔑德行不好的人，应当可怜他，应当庆幸自己自然的幸遇，感谢上帝不曾赐给我们以这些使我们不得不在他人的不幸中寻找自己幸福的情欲与嗜好。因为，人们到底只是经常服从于他的利益，由是生出我们所有判断以及对同一行为用正义或非正义之名去指称其造成的有益或无益的后果。

有些人，是真理之友，与其情感相联结没有固执性，保持他们的精神于一种许可新的真理自由出入之大度优容的状态中，这便是被高贵而明见的自尊心所驱动的人：具有哲学精神的人，以及年龄尚小尚未形成见解而不以放弃自己的主张为辱的人，便属于此数。这两种人，常常都尊重别人真实的、光明的见解，特别是对明见的自尊心为了真理而给予他们的热情之满足的见解。

这里还有另一种人，在他们当中，我几乎完全认识，他们尽都是为一种不甚高贵的虚荣心所驱动的人。他们对于别人，只尊贵与己相合的意见，及特别用于确证他们完全具有的精神之正确的崇高的见解。他们的恩怨，完全建筑在这些观念的类似之上。一切平凡的人用以认识与逃避成功的人这种准确而敏速的本能，是从这里来的。富有思想的人彼此间有着强有力的情趣，尽管在他们的来往之中有追求光荣之需要所潜在的危险，但终于强迫着他们互相追求的情趣，也是从这里来的。根据一个人对于书籍与朋友的选择而判断其性质与精神——事实上，一个蠢人从来只有蠢人做朋友的——这种准确的方法，依然是从这里来的。一切友谊的联系，当其并不是建立在恩惠、爱情、庇护、贪婪、野心、利益上面或其他相同的动机上面时，常常以两人间的观念和情绪的某种类似为前提。这就是使人与人接近的很不相同的条件。这就是为什么奥古斯特（August）、梅塞纳斯（Mécene）、西皮翁（Scipion）、胥良（Julien）、黎塞留（Richelieu）及贡得（Condé）等人亲密地与富有思想的人一块儿生活之所由来，而且这也就是那以平凡证实真理的“就你所来往的人，就知你是什么人”这个谚语之所由来。

一般地看来，能够做到持中适可的人，只是在没有力量的时候。慈爱而且温和的人乃是很稀少的。假使他遇着一个信仰不同的人，他便说这就是在这个问题上其见解与我相异的人，为什么要迫害他呢？圣书上从不曾命令我们用刑罚和牢狱去对待改变信仰的人。真的宗教从不设置断头台。这每每是宗教的大臣被见解不同于他的人所刺伤，为他们的自尊自大之心复仇，遂以徇他们的情分之故武装了民众及王侯愚昧的迷信。很少有人够得上埃及的祭司在塞托斯（Sethos）中献给女王勒夫特（Nephte）的颂词。他们说：她从来不由于信仰之不专而煽起毒恨、困苦、虐待，她从宗教之中取出来的只有温和的格言；她从不相信用严刑强人去敬天神的事是神许人做的。

所以在风俗、见解、观念的事实上，显示出了人所尊崇他人的，永远是自己。

豪富的市民，带讥讽地申说，人们往往看见有才思的人在富者的门首，从不曾看见富者在有才思的人的门首。诗人萨迪（Saadi）① 答道："这是因为有才思的人懂得财富的价值而富者却不知道光明的价值。"此外，何以财富也会尊重科学呢？学者能够品评愚人，因为在其幼年时代他曾经做过愚人；然而愚人，却不能品评学者，因为他从不曾做过学者。

一个从各处活动想要获得光荣地位的青年，对于一切领域的著名人物都是闻风而动，热烈景仰的。只要他的研究和企图的目标一经定了，他所尊重的就只有他那些模范人物；对于那些和他

① 1208—1291，波斯最大的诗人。——译者

所经营的生涯相异的人，其尊重遂不过口头上那样而已，精神乃只是一条为了志同道合才感动的弦。

如这是关于他所具有的很不相同的那种精神呢？富有思想的人与其他的人，只是尊重那和他自己的思想类似的思想。假使我们能够把一位牛顿、一位基诺尔特（Qniniult）和一位马夏威尔（Machavol）聚集拢来，我们不要说出他们的名字，不使他们彼此相互有表示这种尊重、即我所谓“口头上的尊重”的可能，那么，我们在使他们相互但没有用地交换意见之后，便可看出牛顿会把基诺尔特当作难堪的做打油诗的人，而基诺尔特又要把牛顿当作造历书的角色；而这两位都会把马夏威尔当作宫廷的政治家看待；这三位，彼此互以庸才相待，互相轻蔑，以为仇人作为报复。

所以，假设超卓的人，完全地被他们所属的那类气质所吸引，对于那太与他们的精神背道而驰的不能有“可感的敬重”，那么凡是一个作家想将一种新思想带给大众，只能寄希望得着两种人的敬重：或者是些年轻人，他们还不曾有什么主见，尚有教育自己的需要和空闲；或者是另外一种人，其精神是真理之友且与作者的精神相类似，对于他所贡献的见解已经料其存在。然而这些人的数目常常是很少的。这就是人类精神的进步之所以迟慢，而每一真理在一切人的眼前常常是那样延缓地被揭露出来的原因。

由我方才所说的可以得出这样结论：大多数的人，安于怠惰、只能容受与己相类的思想，只有对于这种思想才能予以“可感的敬重”。因此这个高明的意见、每个人可以说是不得不有其自己的这个意见，如果道德家对于上面立定的原则有了最深刻的认识，他们当不至于把它归属于自尊性，他们就会感觉到，在孤寂中之神圣的崇拜及深刻的赞扬，有时自己亦感其深透肺腑的，只算是我们要更好地从他人处取得尊重这种需要的结果。

我们由于虚荣心，尤其是由于愚昧，是这样地需要更好地见重于他人，正如每种艺术之中的大人物都被每个艺术家看作是他以下的第一个人物。

试以一个特殊的社会而论，我可以说那公正不过是特别有益于这个小社会的行为之有或多或少重大性的习惯。这是说某种有德的社会常常表现为把自己的特别利益剥脱下来，对于人们的行动作出加以适合公共利益的判断。但是它们只是满足那一个为开明的自尊所给它们以代德行的热情，因而与其他一切社会相同，仍只服从个人的利益。哪有别的动机能够决定一个人去做些慷慨的行为呢？为善而好善与为恶而作恶，于他是同样不可能的。①

如果一个大臣，不管他的亲戚朋友的乞求，以为只有第一等功劳的人才应提升到第一等地位；这样正直的大臣，在他的社会当中，必然地成为一个无用的人，没有友谊，或者乃至没有德义。一个居高位的人，其所生长的社会尽管是拿好朋友、好亲属、贤而有德的人这些称号去恭维他，都只是不公正的：这个说起来，应当算是本世纪的耻辱。

还有什么比这些请求，即君主对于它们要想常常提防着都不可能的请求之更为值得责罚的东西呢？这同样的请求，只有屡屡陷国家于最大的不幸，乃是祸患之无尽的根源。对于这些祸患，

① 道德家继续地叫嚣反对人们的恶性，即证明他们在这一点上所有认识之浅薄。人绝不是恶的，但只被制约于其利益。道德家的呼声，必然不能改变这个道德世界的单薄。所以可怨恨的，并不是人的恶性，而只是立法家的蒙昧无知，他们常常使个人的利益与大众的利益对抗起来。如果斯基泰人（Scythes）比我们更有德行些，这也只是他们的立法和他们的生活性质更能以公正启示他们罢了。

如果在人们当中把那一切亲属的联系割断而宣布所有国民都是国家的子孙，也还是不能把人民救出来。因此唯一的方法就是扼杀那为道德的表面所准许的罪过，防止民族细分为无数的家庭和小集团：因为它们的利益是经常与公共利益相反而最后要在性灵之中消灭一切形态的爱国心的。

当一个人所有的行动都是努力于大众福利的时候，他就算是公正的人。做好事以求配得上有德者的头衔还不够，一个王侯有千个位置给予人家，这是需要有人去填满的，因此他就情不自禁地使一千人成为幸福者。在这里，他德行的体现就单单靠他的选择是否公正。如果，关于重要的地位，他只是因友谊、因弱点、因乞求及偷怠，而不肯给予高超的人，反给予凡庸的人，那就不管他所生活的社会给他这种公正以何等的称颂，他应该自视为很不公正的。

关于公正的事实，必须请教和信托的，唯有大众的利益，并不是那包围在我们左右的那些人。私人的利益太屡常地使他们发生幻想。

例如，现宫廷之内，这个利益是不把贤明的名义给予谬误、把愚蠢的名义加诸真理，而这真理，在那里，至少也被看作狂悖而且是应当常常被这样看待的吗？

真理在这里是很危险的，有害的德行常常都是被人算在缺点之列的。真理，只有在人道而贤明的君主如像路易十二及亨利四世那样的人下面，才能得着恩遇。戏子们在舞台上曾演过一出戏：侍臣们鼓动王侯去惩罚得罪他们的人，他说："不，他们使我成为正直的人，他们相信我是能够倾听真理的。"大度雍容的榜样后来亦为摄政的奥尔良公爵先生所效法。这位王侯迫于向郎格多克（Languedoc）省征取某种税，而被这省的一个国会议员的谏言所苦，他遂向这议员说："你有什么力量来反抗我的意志：你能够做什么？"这个议员答道："我屈从，但不认同。"这是一个高贵的回答，同样使得议员与王侯都有光荣。它差不多使这一个命令的人与那一个去执行的人都有着同样的困难。这同一王侯的一位情妇曾被一个绅士夺去了。他受了很大的刺激，他那些幸臣都挑唆他去加以报复，他们说："惩罚这个无耻的人吧！"他回答他们说："我知道报复是很容易的事；一句话就足够使我少去一个敌对者，但就是这个不容许我把这话说出来。"

像这样的大度雍容太稀少了。一般而论，真理是为久居宫廷之内的王公大人所很不欢迎的。在一个国家中，其所称为正直的人，大部分习于卑鄙和谄媚，对于这些恶行却给予而且真正地必须给予以"世俗的习惯"这个名称。它是如何被习惯了的呢？凡有实用所在的犯罪是很不容易看破的。然而谁会疑惑，在那光荣之友的王侯眼里，某些谄媚不是比诋毁他的书还要危险些而且还要犯罪些吗？这里我并不党同于坏人名誉的书：可是一个谄媚行为，在不知不觉之间，是能够使一个王侯从道德之路上转向的；至于一部诋毁的书，有时却能够引起一个暴君回头。被压迫者的怨恨往往只有借那直戆者的口才能上达于王座。可是，利益之于宫廷的特殊社会，永远要蒙蔽着同样的真理。要想能够保护自己不致为那些迷误人的幻想所欺，或者就只有远离这些社会而生活。如果在这同一社会里面，没有习惯把公益的原则放在精神上，没有对于公众、道德和政治真实的利害具备深刻的认识，就不能保持着永远纯洁坚贞的德行，这至少是很确定的事情。

大众的人道，有时对于个人是不加以怜恤的。当一艘船为长期的死寂所困，而饥饿以严肃的声调，吩咐用抽签方法决定那不幸的牺牲者作为同伴们的食品，人们也就会毫不愧怍地把他杀掉：这艘船上的众人在他们各自的国家中都是很高尚的；为着大众的利益，一切都是合法的乃至有德的了。

如果一位年轻的、美丽的，而且多情的女人，例如历史给我们描画的这位克利奥帕特拉（Oleopatre）①，她以其诸种的美，以其才思的可爱，以其千娇百媚，每天使她的情人享受变化无常的幸福，在她的第一等的享乐，如埃沙尔（Echard）所说，只是第一等的恩情。如果这样一位女人，出现于一些以衰老丑陋保障其贞操的伪贞女的聚会中，人家便会轻视她的恩爱和才情。这些伪贞女，离开了诱惑，受丑陋的保护，感觉不到一个情人的陶醉是如何的慰藉。当人是美丽的时候，要抵抗那把情人置于千百种秘密的诱引之中的愿欲，是何等地费力。她们会拼命地攻击这个美丽的女人，而把她的弱点列入于极恶大罪之中。但是假使这些伪贞女之一，轮到自己出现于那些专讲娇艳的队伍中，她在那里将毫无防备的是要遭受青年人和美丽者加于老年人和丑陋者的待遇。为报复她的贞洁，人家会向她说输于爱情的美丽和反对爱情的丑陋这两者所为，都不过是服从同样虚荣的原则而已；在情人心里，一个是找寻对于她的艳丽之赞美者，另一个就是要逃避她的不幸之举发者。所有这两个，实由同一的动机所驱动，在一个伪贞女与多情妇人之间，只有不同的美罢了。

每个知名之士，好像公共广场卖跌打药的先生，总是叫赞美者向着自己，而且相信只有自己才是值得赞美的。小说家自信在

① 公元前约70—约前30年，通称为埃及艳后，是古埃及的托勒密王朝最后一任女法老。

精神上最有发明和最细腻的就只有他的作品。哲学家，自视为明见的泉源与自然之知音；他说：只有我能够抽出普遍的概念、能把那每日在物理世界和精神世界之中发展着的事故之根柢指示出来、人类之开明亦只有仰赖我们才行。诗人，把哲学家看成十足的疯子，他们确证地说，如果玄学家从真理隐退之井中去找寻真理，那么他们之汲尽它不过是带有达奈德斯（Danaides）的风味①罢了。他们的精神之所发现的，殊可怀疑，但他自己的见解则是确当的。

这三种人，就以这个说法相互证明彼此所做的都不重要。如果，在这同一的辩论中，他们找一个政治家来作仲裁，这个政治家便会向一切的人说：你们要知道科学和艺术不过是些严格的琐务、困难的儿戏。我们在儿童时期向这上面用功便于给我们的精神以更多的练习：但是成人和有意义的人，则其头脑所唯一应当专注的是对公众利益的认识，其他一切，都是渺小的东西。而凡是渺小的东西，都是可鄙夷的，不值得注意：因此，他的结论便是唯有他才配得上普遍的赞美。

然而，为要拿一个最后的例子来结束这项讨论，我们假设有一倾听了这个结论的物理学家。他向这个政治家说：你弄错了，如果人们只用他所估量的物件的大小去测量精神的大小，那么，真正值得尊重的就只有我。只有我的诸发现之一才足以改变人民的利益。我用一根带磁性的针装在罗盘内，美洲遂以发现，人们掘出它的矿物，千百艘满载黄金的船乘风破浪到欧洲海岸，政治世界的局面遂为之大变。我常常留心于巨大的事物，如我自己伏

① 希腊神话中埃及王达那俄斯（Dauaus）与多数情人或妻子所生的50个女儿的总称。她们听命于父亲，在新婚之夜杀了她们的新郎，被罚在地狱里用渗漏的工具取水，永不停息。这里比喻枉用工夫的意思。

处在沉寂和孤独之中，我决不是去研究那些细小的政治的革命，而是宇宙的革命。我所要参透的并不是宫廷的儿戏般的秘密，乃是自然界的秘密。我发现海洋如何形成山岳，如何分布于地球之上，我测算那运动星球的能力，测算它们在蔚蓝天空之中所画的光明圈子的广大。我计算它们的体积，把它拿来和地球的体积相比较，我觉得地球实在渺小得可怜。所以如果我有如许的厚颜来对我看作昆虫所居的蜂巢作轻蔑的裁判，那么最大的立法家，在我的眼目中只不过是蜂王而已。

这就是每个人以各种推理证明自己具有最可敬崇的那类精神，并且富有思想的人，激于向他人证明自己的愿欲，遂怎样互相轻视，却没有看出他们当中的每个人都是被同行所暗示的轻蔑包围，在他们应被赞美的同一公众之前，都成了玩具和笑柄。

在公众，若单是乐于尊敬那些成为某一狭窄领域的卓越者而仅在这方面促进人类精神的人，那就无怪乎他们对于世界的精神不甚重视。

要想得着一般的尊崇，就必须在其精神上，少讲究表面，多讲究深刻，如同在一只火镜之焦点上，集中其精神之全部热量和全部光耀于唯一之点。唉！既然顺着前者或者后者继续下去的生活是完全不同的，而人们总得在二者中择其一，那么，又如何能够把自己分配于这两种研究之间呢？所以人只能禁绝其他而具有这类精神之一。

如果，为征取使公众发生趣味的观念，而必须在沉静和孤独之中收敛己心，那么反之，要想给特殊的社会呈现出对于它来说最为快意的思想，就应该绝对地投身于尘世的纷扰之中。然而，要在那中间生活而不在脑子中充满一些错误和幼稚的观念是不可能的。我说错误，是因为凡是只懂得以一个唯一的思维去思考的人，必然会把社会看成特出的世界；他要在对于他们的风俗、宗教，乃至相异的衣装所有的相互轻视之中去仿效那些民族：凡是与自己的社会相反的思想都觉得可笑，因此就陷于最大的错误之中。无论是谁，凡坚强地顾忌到特殊社会的小的利益，便必然地会对于无意谓的东西给以过多的尊重和赋予其重要性。

然而，当我们看见这个人，他并不是其研究中的代表者、其家庭中的顾问、其账房中的经记、其卫戍中的军官，在这个情形之下，谁会以超脱于自私心的陷阱自鸣得意呢？谁不相信宇宙都被那使他感着趣味的东西所占据呢？

每个人都可以适用这个耶稣母亲（Mere Jésus）的故事。她是第斯克里特（Diseréte）和须伯利尔（Superieure）争执中的证人，她向议事厅的第一人发问："你知道西西尔（Cecile）母亲和得烈斯（Thérése）母亲方才闹了一阵吗？但你是要为此惊异的吗？怎么！好得很，你还不知道她们的吵闹吗？那么，你从什么地方来的呢？"我们大家都是多少与耶稣母亲相像的。凡是我们的社会所注意的，这就是一切的人都应当注意的。凡是它所想、所信、所说的，就是全宇宙的人之所想、所信、所说的。

凡是使人对于社会特出的人有更多迷惑的，就是那来得安闲的态度、他们演说时表现的姿势！而这些应当被看成是等级便利必然生出的信任结果。他们在这件事上面，通常是比文学家更为优越。然而，如亚里士多德所说，叫嚣就是雄辩的第一部分：他们以此原因，在无关轻重的谈话中，能有比从事文学的人更便利的地方。这种便利，一到他们写作的时候，便失掉了。这不但是因为他们不能维持叫嚣的声威，而且还因为他们所写的决不能有其谈话的体式，并且当你像谈话那样写，差不多常常都是写得很坏的。

人是空虚的，轻视人的，而且因之是很不公正的。人每每总是无可责难地成为这样的人，是因为所有的人都幻想着：在地球上，没有世界的部分；在这世界的部分之内，没有国家；在一国家之内，没有省；在一省之内，没有一城；在一城之内，没有可以与自己的社会相比的社会，他尚不以为自己就是社会最高超的人，但逐渐地也就不意外承认他自己便是宇宙中第一人了。

真理只有在相反的意见之发酵中才呈现和产生出来；宇宙只有从与我们交往的人中才能使我们认识。无论是谁，只要是固步自封于一个社会之内，便情不自禁地要采取其偏见，尤其是当他们夸奖其自傲性的时候。

要想取悦于特殊的社会，我们的思想视野并不一定要很广大；但须理解这被人所呼为世界的，从哪里流露出来，而且要去研究它。反之，为要在无论哪种艺术和科学中取得声誉，因而获得公众的重视，那就如我已在上面所说的，必得要从事于很不同的研究。

假设有些人很感兴趣从事于伦理学的研究。这只是由于历史的援助和靠着深思默想的辅佐，他们随其精神能力之不齐一，而造诣相异。在那里一个发现些城市，别个则发现些国家，这一个发现世界的部分，那一个发现宇宙的全体。以这种观点来看地球，就把自己升到这个高度，就好像它在哲学家前一样，不知不觉地缩小成为一个小小的空间。在他的眼内则采取一个渺小村庄的形式，住着许多不同的人家，题有中国、英国、法国、意大利之名，包括凡我们所给予一切不同的国家的名称。由此，来考察风俗、法律、习惯、宗教，以及各种情欲的奇观。一个对于这些民族的称颂或讥笑几乎同样是无动于心的人，就能够打破偏见的束缚，以冷静的眼光检查人们意见的矛盾，毫不惊奇地由土耳其的宫廷看到尼僧院，带着兴致去赏鉴人类愚昧的广泛程度，才能以同一眼光去看阿尔西比雅德（Alcibiade）[①]割其狗尾和穆罕默德（Mahomet）——已关在一个洞内；一个是嘲弄雅典人之狂妄而另一个则享有世界的顶敬。

然而，这同样的思想只有在沉静与孤独之中才能出现。诗人们说：假如缪斯（Muses）爱山林、爱牧场、爱泉水，这是因为可以在此享受城市所没有的安静！而且脱离社会的细微利益的人，在此地所作关于他自己的思索，乃是对于一般人所作之属于人类和取悦人类的思索。然则，在这种孤独之中，人们用功于艺术与科学的研究，又怎能分心于社交中人日常所做的那些无限琐碎的事呢？

所以，就是我们的高乃依（Corneille）及我们的拉·封丹，有时，在我们好友晚宴之中，他们还表现出是无所作为的样子，就是他们的慈良，也帮着使人如此地判断。社交中人，如何能够在朴素的外套之下认出知名之士呢？对于真正成功的，很少有人认识。塔西佗（Tacité）说过，如果大多数的罗马人，为阿格里科拉（Agricola）的温和及朴素所欺，在外观的谨严之下去找寻伟大人物，是不会把他认出来的。我们觉得伟大人物得免于特殊人群之轻视是太侥幸了，尤其如果他是谨严的，必得弃绝他们之间大多数的“可感的敬重”。他只不过是微微地为使他们满意的

① 公元前450—前404年，雅典将官，有才，有野心而无道德。以一切方法引起社会的注意，割其狗尾以博雅典人之赞扬即其故事。——译者

欲望所动而已。他模糊地感觉着这些社会的尊敬只不过是证明他的思想与他们的类似罢了；而这种类似每每是很少值得称许的：唯有公众的敬重才值得欣羡，那是唯一可喜的，因为它常是公众认识的报酬，并且是一个真实的功绩之证明。这就是为什么伟大人物以任何必需的努力求见好于特殊的社会是毫无可能，而对于一般的敬重之博得却是完全可能的。如果统率诸王的傲慢足以酬劳罗马人的长期军事纪律之严酷，那么，被人敬仰的高贵的快乐也就可以安慰那命途多舛的名人。他们已得到这种敬重么？他们自以为是最喜欢的财富之领有者。实际上，不管人们对于公众意见是怎样地漠然，但每个人总要找方法去获得对于自己的敬重，而且自己越是自信值得敬重，就越是自视为被敬重着的。

如果需要、热情，尤其是怠惰，不把我们的这个受人敬重的愿欲扼杀了，那么，便没有人不努力于求得敬重，没有人不需要公众的选举作为他自己所有的高尚思想的保障。所以，对名誉的轻视及人们所谓把名誉作为对于财富及对于敬重的牺牲，也常常是由于没有使自己成为名人的失望所导致。

人当然炫耀其所有，而鄙视其所无。这乃是自尊心的必然结果，如果人不能揭露它易于欺骗我们的一面，那就会被它所鼓动。在同样情况中，要使人明白他那些轻蔑的真实动机，或许是太刻薄了。所以，就是有所成就的人，也决不做出这样野蛮的过分事情。所有的人（如许我顺便观察一下），只要不是生而恶的，只要情欲并未掩盖其理性的光明，其宽大常常是不减于其明见的。这乃是一个真理，我不惜给以充足的证明与申张，并在这方面给有所成就的人以公道，我对于他的宽大之同样的动机，能够更分明地看出他于特别社会的受人敬重所以不以为意的原因，因而他在那里少有成就。

如果伟大人物常常是最宽大的，如果他把人们不会加诸他的一切痛苦看作一个善行，把那由他们的不公平所留给他的一切看作一个礼物，如果他在别人的缺点之上加以怜悯并温和地抚慰，并且如果他是很迟顷地才看出这些，这是因为他精神的高度不许他停止在某种个人的恶德及可笑的地方，而注意于一般人的这些事件。如果他看出人的缺点，这也并不是使用嫉妒者的恶意和不公正的眼光，而是一种清爽的眼光。他之用这种眼光，正如两个可以自相检察的人，他们，有认识人类的精神和心的好奇心，他们互相考察，相互地把彼此看成两个教育的对象、两个道德的实验之活生生的课程：在这件事情上面，与那些只有半个精神的人[①]很不相同，那些人贪图逃避他们的名誉，常常被忌妒的毒所吞噬，并且如果人们以丧失其为可笑的，则他们就会不断地在别人缺点的埋伏之处，丧失其一切的功名。人类精神的认识，决不属于这样的人。他们生来就是用那扼杀才能的努力去展示其才能的高名。功业有如火药，愈压迫得紧则其爆炸愈见有力。此外，不管你对于这些嫉妒者是如何地愤恨，但他们仍旧是可怜甚于可责。对功业的重视，使他们感觉烦扰；如其他们把它当作仇敌攻击，如其他们是蓄意毒辣，这是因他们是不幸的人；这是因为他们在才能上追逐那功业对于他们的虚荣心所施的攻击：他们的恶罪只是些报复行为。

有功业的人的宽大之另一缘由，就在他所有的对于人类精神的认识。他从人类精神方面多次地感觉其弱点；在一个群贤会

① 意即俗话所说“半罐水”。——译者

议的掌声中，他有许多次像福基翁（Phocion）[①]那样，很想回首问他的朋友是否他曾经说过很大的蠢话，因为常常提防他的虚荣心，他对于别人乐于宽恕那些自己也犯着的错误。他觉得“富有思想的人”（Homme d’ésprit）这个名词，应当是杂多的愚蠢的创造品，因此他必以感谢态度，而毫不心酸地倾听那些平凡之辈所加于他的侮辱。这些平凡的人，在他们之间暗地里以他们那些加诸有名之人的讪笑、对于智者所说的那些侮蔑互相夸许。其实他们与那战栗着出言侮辱主上的无情吹牛者没有不同。

有功业的人的宽恕之最后的原因，在于他对于人类判断之必然性具有明白的观念。他知道我们的思想敢说是人生存于其中的社会、人所做的诵读及呈献我们眼前的事物之一些必然如此的结果，以致一种高超的智慧同样能够根据呈现于我们前面的东西，推测出我们的思维，并由我们的思维能够推测那偶然所献于我们东西之种类和数目。

富有思想的人知道人之成为什么人都有其必然如是的道理。一切反对他们的愤恨，是不正确的；一个蠢人之带蠢性，正如野树之结苦果子一样。你如果骂他，这就等于责备橡树不结橄榄而结橡子。如果在他眼中平凡的人是愚笨的家伙，那么他自己在平凡人的眼中就是一个疯子。因为，虽然所有的疯子不一定是富有思想的人，但至少富有思想的人，在那浅薄的人看来总常常像是疯子。当情欲没有遮蔽宽大时，宽大就常常可以结出光明的果实。但这主要建立在那名誉之爱所启示的高尚灵魂之上，宽大使人明见，对于特殊社会的尊敬则十分淡漠。然而这与取悦于公

① 公元前402—前318年，古希腊雅典的大将及雄辩家。——译者

众或所谓朋辈之必需的生活和研究之相异的性质连接着的淡漠，几乎常使这个有功业的人成为社会上突出的人中所十分不惬意的人。

这章所讨论的，并不是与一个私人或一个小社会有关系的公正，而是真的公正，是与公众有关而被尊崇的公正。只有这一类的公正，才是唯一真的够得上称为公正的，而普遍被称呼为“公正”。也只有在这个观点之上去估量公正，才能形成清高廉正的明白观念，并从这里找着德行的引导。

然而，在这种情况之下，我可说公众亦如特殊社会；在其判断里，仅以利益动机作决定的标准，他们只是把高尚、伟大、英雄等名号给予对他们有益的行为，他们对于某某行为决不以实施它所必需的力量、勇气以及豪侠的程度作比例去加以尊敬，而只是注意于这一行为的重要性和在那上面所能吸取的益处。

事实上，假如一个人，受当前的军中士气所激，单独一人对抗三个受伤的人，这个行动，无疑是可钦佩的，但这个行动也不过是我们千百士兵都能够做到的。对于这种行为，他们决不记入史册；可是，如果应当统治世界的帝国，其安宁就系于这一战的成功，那么贺拉斯（Horace）便是一个英雄，为其同国人所崇拜，而且他的名字就得永垂于史并传于后世了。

假设有两人坠崖而死，这是莎孚（Sapho）及居尔修斯（Curtius）共同的行为；但第一个是为摆脱爱的痛苦，而第二个则是搭救罗马。因此，莎孚是一个疯子，而居尔修斯却成了英雄。尽管有些哲学家对于这两个行为同等地给以疯子之名，然在公众，对于他的真实利益比他们更为明了，决不把疯子之名给予那为他们谋利益的人。

如果一个愚昧的将军打仗时三次胜了比他更愚昧的对手，这在他一生，至少享受了一个世人所不肯给予世界上最优秀画家的荣誉。但这位画家，要够得上称为大画家，只有他比其他灵巧之人优秀很多，并且精通一种尽管是非必须的却最困难的艺术才行。因为翻开历史，我们便看见无数的人物，例如伊巴密浓达（Epaminondas）、卢库鲁斯（Lucullus）、亚历山大（Alexandre）、穆罕默德、斯皮诺拉（Spinola）、克伦威尔（Cromwell）、查理十二，当他们指挥军队和打败敌军之同日，就已取得大将的名誉；至于画家，无论他得之于自然有怎样侥幸的资禀，如果他不曾消磨至少十年或十二年的生活于这个艺术的研究，那他就不曾被举于知名画家之列。然则，为什么人们对于灵巧的画家反不若对于愚昧的将军之更为崇拜呢？

这种对荣誉的不平等的分配，表面上是这样的不公，完全是由于这两个人提供于其国家益处的不平等。人们还可以诘问为什么公众对于干练的议和大臣给以最高精神之名，而对于著名的律师则又吝而不与呢？是否第一个人所负事务的重要性，证明他身上所有的精神比第二个人的更为优越呢？对于辩论和结束两个管辖区的封君的诉讼，岂不往往需要与那两国讲和相同的才智和精细吗？然而公众为什么于律师则吝惜其尊敬而于议和大臣则大大地恭维呢？这乃是因为公众，常常不为某些成见和执迷所蒙蔽，在不知不觉间对于自己有利的事，能够做极细密的推理。完全使他们以自己的利益为归宿的本能，正与以太一样，透入一切物体，而没有任何可以感觉的印象。他之需要画家和有名的律师少于将军与干练的交涉家。因此，他对于后者的才能予以必须的尊重价值以便常常使一些国民努力于取得此种才能。

无论从哪些方面着眼，我们总常常看见利益在主持着公众对于尊重的分配。

此外，假如公众的幸福系属于在位者的功业，假如高位很少为伟大的人物所充任，那么，要想驱使平凡的人在其职务之内竭尽可能的一切思虑和勤劳，这必然地要拿一个最大的光荣的希望去煽动他们。单是这希望，就能够把那永难达到的平凡程度提升上去；如果公众，对于他们的功业是过严的估定者，那么由那取得它的困难，不免使其对他的尊敬减却兴味。

这就是公众所用以判断在位之人的秘密的宽大的原因，这宽大有时在人民中间是盲然的，但在富有思想的人那里则常常是明显的。他知道人都是围绕着他的事物之学生；那向伟大的人献殷勤的谀词，处在给予他们的一切教训之先；并且不能免去不公，而向他们要求人所需求于一特别的人那般同样的需要才能与德行。

如果那些在专制政权束缚之下的民族，都是为其他民族所轻视，如果在蒙古及摩洛哥帝国之内，很少看见出名的人物，这就是因为如我在前面所已说过的，精神之为物，其自身无所谓大亦无所谓小，它只从所留意的事物那里借来或大或小的名称。然而，在大多数专制独断之政府下面，公民不能够对于专制君主没有冒犯而于自然权利、公众权利、伦理及政治的研究上有所收获。在这些领域中，他们不敢上进到这些科学的第一原理，亦不敢具有伟大的观念。因此，他们不够称为伟大精神的头衔。

设想许多人民所有的某些愚鲁，这是一定的，他们为其利害所引导，决不会没有缘由地采用我们在他们当中的某些民族里面所找着的那些奇怪的风俗；由这些风俗之奇怪也就可发现民族利益的多样性。事实上，如果他们以“道德”一词，常常模糊地去理解公众幸福的愿欲，如果他们因此只把光荣这个名称给那些有益于祖国的行为，并且如果实利的观念常暗暗结合于道德的观念，那么，我们敢保证那些最可爱的乃至最强势的习俗，如我就要取例证明的一样，都常常是以公众幸福之真实的或表面的实利为其基础。

偷盗在斯巴达是被许可的，在那儿，所惩罚的只是遭擒的偷盗之拙笨：还有比这个更奇怪的风俗吗？然而，如果我们把李库尔格（Lycurgue）的法律及在只以笨重而易碎的铁钱为法定流通货币的共和国内对于金、银的鄙视等情形回忆一下，便会感觉到人们在那里所能犯的只是菜蔬及鸡鸭之类的偷盗。这样的偷盗是常常以巧妙去做、屡屡以强硬去否认的，这就保持了古斯巴达人的勇猛及精明的习惯。许可偷盗的法律，因而对于这个民族是很有益的。这个民族既不怕奴隶的叛变，也不怕波斯人的野心，他们只有采取这两种道德的保障，才能对抗这些人的谋害，如像对抗那些人的无数军队一样。所以一定的盗贼对于一切富有的民族是有害的，但对于斯巴达则有益，因此在斯巴达做贼成了光荣的职业。

在冬季之末，当食物的缺乏迫着野蛮人离开他们的小屋子，并且饥饿命令他们去打猎寻找新的粮食时，某些野蛮民族在出发前聚集起来，使他们六十岁的老人升到橡树上去，而让有力的臂腕摇动橡树。老年人大多数都跌下来立刻死亡，这种事实是我们已知的，并且世间没有比这种习惯更为可恶了。但是，在追溯其起源后，便看出野蛮人把那些可怜的老年人之跌倒当作他们无力支持打猎之劳的证明，这是何等地可惊！要让那些老年人在小屋子里或森林里去受饥饿或猛兽的残害吗？这倒令人觉得用突然的和必须的弑杀行为，还可使其痛苦的时间和残暴减少，把他们的父亲从太残酷缓慢的死的恐惧中拯救出来。这就是如此讨厌的风俗存在的原理；这就是当一个迁徙的民族，为打猎和食物之需要，在广漠的森林中逗留六个月，而实行这样野蛮行为的必须：在这些地方，杀老的事是由那使我们把这种事看成可怖的事这同一的人道原则所启发和统摄的。

或者，如果不诉诸野蛮民族，那就放眼于一个开化了的民族，比如中国吧：要问为什么在中国要把子女的生杀权交给父亲，那就会看出这个帝国的土地，不管如何广袤，有时也难于供给众多居民之需要：那么，在人口的增加和土地的丰饶之间过大的不均衡必然地给帝国或者甚至给天下招致残忍的战争。我们可以设想到在凶荒的时候，为预防无限的死亡和无谓的不幸起见，中国的民族，用意合乎人道，而方法的选择却野蛮，遂以不很开明的人道情感，把这些残忍行为看成世界和平的必须。他（中国的民族。——译者）自己说：我在这里牺牲若干不幸的牺牲者，对于他们，年幼和无知剥去了对死的恐惧和认识，在这上面，或者就成了他所有的最可怕的东西。

这无疑是对抵抗人口之过快的增长之需要，及因对于这一样的渊源，始成就了非洲的某些民族至今尚还保存着的对于孤独生活之滑稽的崇拜，这种孤独生活者宁与野兽为伍而不肯与妇女来往。

从前瑞士人颁布一个命令不仅准许而且命令每个教士都可以有一个妾媵，这也同样是出于公共利益的动机与保护贞洁的美、抵御放荡的危害之需要。

在科罗曼德（Conomandel）海岸，妇女受婚姻守护神苛繁的桎梏，除了毒死她们的丈夫寻求解放外，别无他法。这也是以同样的动机，用一又可厌又可恶的救济之法，使立法家强迫妇女被焚烧于其丈夫的坟上以安慰其丈夫。

当法国只不过是一片广大的森林时，谁能疑惑以宗教的命令实行荒地的赐予法令，在那时不应该被允许，而这同一允许的延期在现在不是荒谬而又有害于国家，正如它在法国从前还未开垦时是明智而又有用么？一切的习俗，只能有一时的益处，正与断头台一样，当审判厅已经建立起来，它就应当被打倒了。

国家的利益，与一切人类的事物相同，就是有着千百种革命的主题。同样的法律与同样的习俗，对于同样的人民相继成为有益及有害的东西。由是，我就可得出结论说这些法律必得轮流地被采用又被废除，同样的行为相继地得着善或恶的名称；不承认行为之于国家同时是有益的和有害的，因之不毁坏一切立法及一切社会的基础，我们是不能否认这个议论的。

我方才所谈的一切，其总的结论就是德行只是人幸福之愿欲；因此我看作行动中的德行的公正，在一切民族内及各种政府内，只不过是有益于其国家的行为的习惯罢了。

我把一切的德行，对其正确的考察丝毫无关于公众福利的，称为“成见的德行”。僧尼的贞洁与那充满印度苦行的严肃，就是如此：这种往往于国家无关痛痒甚至有害的德行，对于服膺之人乃是一种责罚。这些伪善，在大多数民族里面，比起真实的善行还要被尊敬些，实行这种德行的人，比善良市民还受着更大的崇拜。

凡我关于罪恶及成见的德行所已说过的，足够使人感觉这些德行和真实德行的区别，即是说与继续增加公众福利而且没有它则社会就不能存在的德行的区别。

因此，我把这两个种类不同的德行，分划成相异的两种风俗的堕落：一个我名之为“宗教的堕落”，另一个我名之为“政治的堕落”。这个区分于我是很有必要的。第一，因为我对于宗教的所有与社会的关系，都对其公正进行了哲学和独立的考察；这就是我要请求读者在阅读这部著作的全书时都不要失掉的观点。第二，因为要避免那存在于偶像崇拜的民族之内，在宗教的原理及政治和伦理的原理之中的永久矛盾。不过，在进入这个检讨之前，我要声明我所写的是站在哲学家的立场上而不是站在神学家的立场上，因此，我只主张论究纯粹人类德行。在这个声明已经提出后，我就进入本题了。我说在关于风俗的事件上，要把放纵的一切种类，主要是男子与妇女的放纵，命名为宗教的堕落。关于这种堕落，我并不是它的辩护士，而且因为它得罪上帝，它无疑是犯罪，它与一个民族的福利不相容。尽管相异的各民族，已经相信并还在相信这种堕落不是犯罪。可它在法国无疑是犯罪，因为它损伤国家的法律，但如果妇女是公共的，儿童被宣布为属于国家的，它就会不见得完全是那样了：于是这个犯罪政治地说来，就再不像之前那样危险。实际上，如果游遍全球，便可看见地球上之各种不同的民族中，我们这被叫作放纵的，在另一些民族中不仅不被当作风俗的堕落看待，而且是为法律所特许，甚至为宗教所圣化。

另外一种风俗的堕落，导致了帝国的没落及帝国的倾覆的，我称之为“政治的堕落”。

当构成民族之大多数的个人把他们的利益与公众的利益脱离

关系之时，则此民族就面临政治堕落的腐败。这种堕落，有时与前一种相联结，常常使许多道德家把它们混淆起来。如果只顾全一国的政治利益，那么后者或许是最危险的。一个民族，即使有最纯洁的风俗，如其为这种堕落所侵袭，就必然地形成内在的不幸，对外则没有多可怕。如此，这一帝国的生存，依属于偶然，延缓其没落或加速其没落的偶然。

为要感觉一切利益的这种无政府状态在一国之内是如何地危险，就请注意那单单是一个集团的利益与共和国的利益对抗所产生的害处：我们把我们圣人的一切德行都给予僧侣及达拉宾(Talapoins)[①]吧。如果僧侣集团的利益毫不与公众的利益相联系：如果对僧侣的信托在于人民的盲昧，那么，这僧侣一定是养育他的民族之敌人。其对此民族，会如罗马人之对于世界；对内讲廉洁，对世界则为强盗。各个僧侣集团对于伟大尤其十分远离：所有他的成员常常是于不知不觉之中，为它的扩大而努力；他们以为在那里是为一个德行的原则所准许。因此，再没有比一国内，一个集团的利益与一般的利益不相联属更为危险的事。

如果，一直到现在，道德很少给人类以幸福，这并不是多数的道德家不曾把很多精神的奥蕴及性灵的高尚结合于好听的辞句，丰富的辩才和明晰的程度；而是无论这些道德家曾有怎样的高妙，总得承认他们未曾充分地把诸民族的各种恶行看作他们政府的相异形式之必然的依属：也只有由这个观点去观察道德，然后道德才可以成为真正有用于人的东西。一直到现在，不也产生许多最漂亮的道德格言吗？它们曾经改正过一些私人的缺点，这

① 18世纪，欧洲人给予罗马缅甸之佛教僧徒的名称。——译者

或者是他们也自行谴责的。然而，它们对于各民族的风俗，却不曾产生任何变更。这是什么缘故呢？这是因为一个民族的恶行，我敢说常常是隐藏在其立法的深处。要把发生这恶行的根株拔掉，应常是从这里发掘。谁没有具有做这件事的必要的勇气或光明，则在这个范畴里，就不能于世界有任何用处。要想把这与民族的立法相联结的恶行消灭而不在立法中做任何变更，这是不可能的，这就是抛弃被承认了的原则之正确的结论。

如果妇女的虚伪这个恶德是存在于自然的需要及由法律与贞操强迫妇女去感受的情感之间的矛盾之必然的结果，那么以如此之多的叫嚣去攻击妇女的虚伪究竟有什么希望呢？在马拉巴尔（Malabar）①及马达加斯加，如果所有的妇女都真实，这乃是由于她们在那些地方，并不用丧失什么尊严就可以满足她们一切的幻想；她们有百般的娇媚，其对于结婚的男子之选择，要经过多次的试验然后决定。新奥尔良（Nouvelle-Orleans）的野蛮人也是一样的。在这些民族中间，大太阳（Grand Soleil）神的女儿，具有高贵血统的公主，当其讨厌她们的丈夫之时，就可以弃绝他们再嫁别人。像在这样的国内，再也找不着虚伪的妇女，因为没有任何利益可以使她们去成为那样的人。

我之引用到这些例证，并不是主张把这样的风俗引进我国。我只是说，我们不能拿法律和贞操给妇女造成的虚伪，说成必须，进而去责备妇女，并认为这是合理的；因此，在原因继续存在时是毫不能变更结果的。

现在，我们拿诽谤来作第二个例证。诽谤无疑是一个恶行，

① 马拉巴尔海岸是一条长而狭窄的海岸线。——译者

但是一个必需的恶行，因为在一切国家，凡是没有参与公众事务的公民，就缺少教育自己的兴趣，必然困顿于可耻的懒惰之中。而如果在这种国家内，投身社会是时髦的和通行的，而且在那里要以好的样子谈很多的话，愚昧者不能谈论事物，则必然谈论他人。一切颂扬都是令人厌烦的，一切讥诮都是令人开心的；因为可怕的是厌烦，愚昧者遂不得不成为诽谤者了。除了铲绝产生这种恶行的原因，除了使公民不懒惰，除了改变政府的形态，我们是不能扫除这种恶行的。

为什么在特殊的社会之中，有思想的人通常都要比世俗中人静默些？这是因为前者，留心于巨大的事物，除了那些与巨大人物与巨大事件直接相关的之外，他通常是不谈论私人的。这是因为富有思想的人，除了报复之外不议论他人长短，所以议论人长短的时候极少；至于世俗中人，则反之。他们几乎常常是为了说话而不得不说长道短的。

关于诽谤我随之所要说到的，就是以对于放荡（Libertinage）的诽谤为言。道德家之于放荡，常常加以猛烈的攻击。放荡通常被认为是奢侈之必然的继续，我在此当加以证明。而如果奢侈，照我离得远远地但却照大众之所相信的去加以思索，却是对于国家很有用处的，不改变政府的形式就不能阻塞对奢侈的趣味，并使公民实行节俭的法律。那么，这只会在这方面的若干改良之后，才可以自诩说是把放荡的趣味消灭下去了。

对于这个命题的一切叫嚣，都是神学的好而不是政治的好。政治与立法所讨论的对象，是人民之伟大和世俗的福利。那么，相对地在这个对象上，我可以说如其奢侈是真正有益于法国，要想去引进一个严厉的风俗与奢侈兴趣全不相容，那就是可笑的事了。在商业与奢侈所提供于国家的益处与妇女的爱好所招致的无限渺小的坏处之间不能成立任何比例。这等于在一个富饶的矿中发现一点铜的小片夹杂在黄金矿脉之内而遂不满是一样的。无论在什么地方，奢侈是必需的，把豪奢看成道德的恶行乃是政治不合逻辑之论！并且如果要给它保存恶行的名称，那么就应承认在某些世纪及某些国家这恶行乃是有益的，而埃及的富饶应当归功于尼罗河的淤泥。

实际上，如果我们从政治上去考察豪奢妇女的行为，就会看出她们在有些事情上诚然是可以责难的，然在其他方面，却是于公众极为有用。比方她们对其财富之惯常地使用，于国家实比那最贤良的妇女还有益得多。求欢愉的愿欲，引导豪奢妇女走进花边店、布匹商店或时装店，这不仅使她们把无数工人从那使他们奉行节俭的法律的贫乏之中拔出来，而且还启示她们以最开明的慈善行为。在奢侈有益于民族这个假说之内，岂不是豪奢妇女激起工匠的奢侈工业而使他们一天一天地更有利于国家吗？贤明的妇女，对于乞丐和罪人是很宽大的，她们受其指导者的忠告实在还不及豪奢妇女受求欢愉的忠告之为甚。这些人养活有用的公民，而那些人则养活无用的男子，或甚至是这个民族之敌人。

由我方才所说的看来，只有在一个民族的立法有了改变以后，才能够自诩一个民族的观念有所改变；对风俗的改良应从对法律的改良做起；在一政府现有的形式之下，反对一个有用的恶行的叫嚣，如果它们不是枉然的，那便是政治地有害的；可是它们总常常是枉然的，因为一个国家的群众，除了法律的力量，从没有什么可以动摇他们。

我说一切人都只倾向于实现他们自己的幸福，我们不能使他们逃出这个倾向，要想这样做是无益的，而且在那里所成就的只是危险。因此，只有把个人的利益与一般的利害联系起来，才能使他们成为有德之人。这个原则提出后，显然地，如果不与政治和立法混合起来，则道德不过是一个无关重要的旁学罢了。由此我们可以得出结论说要想对于世界有益，哲学家应当以立法家静观事物的视角去考察事物。他们没有为同样的权力所武装，必得受同样的精神之鼓动。评判法律是道德家的事，而立法家则调以权力的印章而保障其实施。

在道德家当中，深刻地被这个真理触动的人，无疑地为数甚少。在那些达到最高思想之精神的人当中，还是有很多对于道德的研究及他们所描写的恶行的真相，只受个人的利益及特殊的仇恨所驱动。他们因此只能对社会内不便的恶行之描画依依不舍，他们的精神逐渐拘缩于他们的利益圈内，即刻便没有达到最伟大的思想之必需的力量了。在道德的科学内，精神的增强每每在于灵魂的增强。在这方面，要想把握着真正有益于人的真理，必须有热衷于一般福利的情操。可是不幸的，在道德方面与在宗教方面一样，总是有不少的伪善者。

一个道德家，只有他彻底摆脱私人利益，由于立法的科学之深刻的研究，才能使自己成为有益于其祖国的人。那么他就该对于一法律或者一习惯的利益加以权量而决定何者应当保留或何者应当废除。人们只是太屡常地迫于将就许多的谬误，甚至将就野蛮的习惯。假如在欧洲，如此长期地容许了决斗，这是因为在这些地方，例如罗马，人们决不为爱国心所刺激，其价值也决不是由于继续不断的战争之所练习，道德家或许不能不想象出其他方法去维持公民身上的勇气，去供给国家以骁勇的防卫者：他们以为由于这种容许，就可以拿一个细微的害处作为代价去购得大大的好处，他们在决斗的特别情况内是弄错了，但在千百种其他的情况中，都可使人作出这个选择。我们要辨认天才，往往只有由两害之间所作的选择上面着眼。一切依恋着这个改善的错误观念之伪学者，与我们是了不相干的。在一国内，这些无精神而叫嚣的道德家，集中于一个观念小范围内，继续重复他们所拾于人的唾余，不住地劝人节制愿欲，想把一切人心中的情欲通通消灭：他们不觉得他们的教条，对于在某些环境中的某些个人或者是有用的，但对于采用它的国家就只有倾覆的作用。

实际上，如果正像历史所告诉我们的，强烈的情欲，就如希腊人和罗马人的骄大及爱国心，阿拉伯人的幻想，弗利布留尔人（Flibutiers）[①]的贪吝，常常酝酿些最可怕的战事，无论是谁，只要以无情欲的人去抵抗这样的兵士，就等于驱柔顺的羔羊去抵抗凶猛的豺狼一样。所以，聪明的造物主，在人心中，早安排下一个防卫能力，来反抗这些哲学家的推理。同样，许多意志屈服于这些教条的民族，事实上常常觉得有不驯良在。如果人民没有这个不驯良性，而十分细心地遵照道德家的劝诫，就会变成其他民族的轻侮者和奴隶了。

要决定我们应把情欲之火煽起或节制到什么程度，必须有能够涵蓄一个政府之全部的广大的精神。谁具有这种精神，谁就注定要在立法家之旁去充任思想大臣的职务，并且证明西塞罗（Cicéron）这句话，一个富有思想的人决不是一个单纯的公民，而是一个真实的立法家。

① 7、8世纪时美洲的海贼。——译者

在阐明道德的最广大、最健全的观念对于世界所能提供的利益之前，我以为能够随便指示出这些同样的观念，会在一切科学之上，尤其在历史的科学之上无限地放出光明来。这些科学的进步，同时也就是道德之进步的结果和原因。

对于历史的真实目的的教养愈丰富，著作家就愈不描写国王的私生活，而只描写那特别的琐事以揭露出他的性质。他们再不那样有兴趣地去描写他的习惯、他的恶行及他的家庭道德；他们会感觉到公众对于国王的要求是从他们的命令上打算而不是去计较他们的晚餐，公众之喜欢认识王侯之类人物，只是如人之参与王侯的议会一样。他们对于幼稚的逸史，为教训人及取悦人，必得代之以公众的福利或困厄的原因及产生这些之可爱的或可怕的描画，这就是要对于这个应有无穷的思索和有用的改良的描画作一单纯的揭露。

至于公众在其中所取得的益处，无疑的是大有可观的。因此，对于这同样的原则，大胆地说，很可以做成一部公正的要理问答；其简单的、真实的，以及合于一切精神程度的格言，教人民懂得道德，在它所计划的目的之内是没有变化的，而在特别拿来完成这个目的之方法内就是可变的了。因此，我们必须把行为本身当作没有特殊意义的东西看待，而决定行为之值得尊敬或轻视的乃是国家的需要。最后，这是立法家用他对于公众利益应有之认识去固定每个行为停止其为善而变成恶的瞬间。

这些原则一经接受，立法家便可以非常容易地熄灭轻信及迷误的火炬，灭除谬妄，改良那些在建立之时或许有益而自此以后便成了很有害于世界的野蛮习俗。这些习俗之存在，只是靠着恐惧，在这里，没有激起那些习于某些行为的实践为德行的人民的暴动；没有点起长期的而且残忍的战争之火，并且最后没有招致这些在平常人看来全属偶然，而只具有广博的性质与精神的人才能真实地预见和平的叛乱，是不能废除这些习惯的。

所以这就是在削弱人民对于旧法律和旧习惯之愚笨的崇拜中，要把帝王放在肃清那为罪恶的大部分所蹂躏的土地这种情状下面，并要供给他们以保障帝国之延绵的方法。

现在，当一个国家的利益起了变化时，法律在其建立之日本是有用的法律，对于国家则成为有害的东西了，这些同样的法律，以人永远保有尊重它们之心，故必然地要使这个国家面临覆亡。

事实上，任何人考察宗教（它的一切多半都由人一手所造成），都会觉得它们从不是一个具有深刻而广大的精神之立法家所造成的作品，而是一个心地狭窄的个人的作品，因而，这些虚伪的宗教从不是建立在公众福利的法律和原则基础之上的。参照阿纳斯塔修斯（Anastase）、里珀达（Ripperda）、托马斯-枯利甘（Thomas-Koulikan）及格勒汗吉尔（Grehan-Gir）的例子，立一个新宗教的计划并使其有益于人，是会得到人们承认的。如果在虚伪的宗教之构成内，人们常常遵守这个计划，那么这些宗教就保存了于它们有用的一切东西；人们决不曾破灭地狱（tartare）与极乐世界（élysée）；立法者常常随他的高兴，按照他的想象力之或大或小，造出或多或少地可爱或可怕的景象。这些宗教，单纯地将它们所有的害处剥取下来，并不曾使精神屈服于愚昧的迷信之可耻的羁轭之下，罪恶和迷信已经从世界上消灭了！

如果立法家因此对于上面已建立的原则准许在法律、风俗以及虚伪的宗教之内，去做出时间和环境所要求的一切变化，那么，他便能够吸干无穷罪恶之泉源，而且无疑地在延绵帝国的寿命中，保障人民的安居。

此外，这同样的原则，在使我们看出联结一国的风俗于法律之必然的依属和使我理解道德的科学不是立法的科学自身以外的什么东西时，其散射于道德上岂不是有很大的光明吗？谁会怀疑，最勤勉于这个研究的道德家们，不能够使这个科学达到这种完善的程度，即精神最好的人现在只能够预料，并且或者对于那种程度他们决不想象它能够达到呢？

如果，差不多在一切的政府的所有的法律，彼此不相连贯，它们仿佛是出于纯粹偶然的作品，这就是由于制定法律的人，为不同的观点和利益所引导，很少顾及这些法律彼此之间的关系。像这样的法律全部体系之构成，就类似于某些岛屿之构成。有些农人，要扫除田中的树木、石块、草以及无用的淤泥，为做这事，他们把那些东西投到一条河里，我们便见着这些物资，由流水载着，堆积在芦苇的周围，凝结起来，最后便形成一块坚实的陆地。

但，他们的出色，完全是成就于立法家之观点的齐一与诸法律之间的联属。不过，要建立这个连属，必须能够把所有的法律建立于一个单纯的原则之上，就如公众利益这个原则，这即是说，服从同一政府形式的最大多数人的利益：这个原则，没有人能够认识其全部的广大和丰饶；这个原则，包含一切道德和立法，经很多人反复地道及，但仍不懂得。并且就是它的立法家，至少如果以几乎全球的一切人民的痛苦去判断，他们也不过懂得一个表皮而已。

既然从前只有僧侣才知道写东西，那么，我就只能够从他们的作品和讲经中取得我的例证。只要是读过它们的人都不会看不出麦罗特（Menot）的东西及布大鲁（Bourdaloue）的东西之间，太阳的骑士（Chevalier du Soleil）和克列威王后（Brincesse de Cleves）之间有好多差异。我们的风俗已经变了，我们的光明增加了，在今天，大家就要嘲笑那往昔人所赞美的东西了。哪个不笑那波尔多的一个传道者的讲道，谁会要证明死者对于为他们向上帝祈祷且给金钱于修士的任何人表示各种感谢，遂坐在椅子上，严重地宣讲赎罪处的一切灵魂，对于那唯一是由金钱被丢在圣座及水盂内而引发的噹噹之声，互相取笑，以致造成哈、哈、哈，唏、唏、唏，这样的笑声呢。①

在愚昧时代的素朴观念中，事物表现出来的样子，与在智识开明的时代观察起来所表现的大不相同。情欲的悲剧，曾作为我们先锋之善表率的，现在在我们看来就觉得是不好的表率了。以往在神学学校里，差不多一切纠缠着人的精细的问题，也会与这一样。今天，再没有比正式地去争论下列的问题更为无礼的了，这些问题就是要求知道：上帝在弥撒献饼中是着衣的还是赤裸裸的；上帝是否是全能的，他有无犯罪的权力；上帝能否具有妇女、魔鬼、驴子、岩石、香瓜的性质，以及千百种还要无稽的别的问题。

无论人们对于科学是如何地不公正，无论人们诬蔑科学说它们如何败坏了风俗，但这是确定的，我们的僧侣的科学在现今

① 在这些时代，无知竟到这种样子：有一个教区中的住持牧师，与教区的人因教堂内铺石的费用，由谁付出一事进行涉讼：这个牧师裁判官准备处罚他时，就引出吉纳米（Jérémie）的这一段：Paveant illj，et ego non paveam。裁判官只知道答复那个引语，他遂下令说教堂的铺石由教民出钱。

有的时候，教会把科学和写的技术当作世俗浮华的事情，是一个基督徒所不该做的。人们甚至说，对于这件事圣·吉洛梅（Jérome）为想象西塞罗的体式，曾被天使鞭打。修道院长加耳多（Cartaut）则主张这是因为仿学得太坏。

之纯全与它们这时的腐败有同样的程度，关于这一点，通过对历史和古代的传道者作一考察便可明了。他们当中最出名的梅拉德写道："名字注在魔鬼的簿子上的罪犯，无耻之徒，如圣伯尔纳（St.Bolnard）所说的小偷、窃贼，你们想想，难道你们福利的创造者赐福于你们是叫你们除了与女人同杯共盏、嬉戏无度外不要过别的生活吗？至于你们，大院主先生等，恃有福气，养活些马、犬、女子，请问问圣爱简勒（Etinne）是否有过这种生活的天堂，常常大吃大喝，天天都在设席摆宴，把教会的财物与耶稣苦刑像送给浪漫的女子。"

我继续对这些粗野时代进行考察，这个时代所有的人是迷信而勇敢的，且专以修士的故事与骑士的高尚行为自娱。愚昧和朴实常常都是很单调的：在哲学的革新以前，就算生活在相异的各世纪的作家，其写作都是同一的调子。所谓趣味就是以认识作前提。在尚属野蛮的民族之中，既没有趣味可言，国内也没有趣味的革命；这至少是要到开明的时代，趣味之革命才成为很可注意的事。然而，这种革命，常常都是在政府形式、风俗、法律，以及民族地位之内的某些变化居其先的。所以，这里便有一个依存关系暗暗地建立于一个民族的趣味及其利益之间。

可是，在我们的这个世纪，在这方面改善很多，此外我们这个再也不受同一偏见所制的时代，很显然地是照样受得于我们的利益，我们必只以淡漠的态度去看那种无关于社会的和平与协调之维持，而仅会招致无益的扰乱和残暴的情欲的描画。为什么有些悲剧，充满了由爱国心所激发之猛烈的和勇敢的情绪，然而在我们心里，只不过留下微弱的印象而已呢？也有很少见的情况，是人民把某种勇气和德行与极端的服从相联。这就是为什么罗马人一旦有了一个主人的时候，就立即变成卑贱的人；而结果则如荷马所说：

> 可怕的时刻把一个自由的人加上镣铐，把他原先的德行夺去了一半。

由此，我可以得出结论说，在孕育伟大的人物及伟大的情欲的自由世纪，同时也就是人民真正能够赞美高贵的和勇敢的情绪的世纪。

一个民族在政府或风俗方面所起的一切变化，必然地在其趣味方面引起一些革命。从这一世纪到那一世纪，一个民族，是随着刺激他们的相异的情欲而对于同样的事物发生不同的感觉。

人的感情，与他们的观念相同，也有这样的情形。如果我们只设想在他人心里的观念与我们的相类似，那么照撒路斯提乌斯（Salluste）的说法，我们便只能为那强烈地刺激我们自己的热情所感动。

要为某种情绪的描写所感动，自己必须已经就是这种情绪的扮演者。

这乃是某种我们本性的弱点，是从我们的风俗中得来的变化和豪奢之必然的继续，它夺去我们灵魂中的一切高尚的部分和一切力量。它已经使我们爱喜剧甚于悲剧，到了现代，它也只是一种高尚体式的喜剧，其剧幕都是在王宫中所表演的。

这恰是国王权力之幸运的增长，削平了叛乱，降低了市民的条件，几乎完全把他们驱除于喜剧戏幕之外，在那里，我们不再看见善良面貌及伟大人物——这些人，在此地确实是占据着普通人所有的地位，纯粹是现代的市民——请看现在那些应当把广大而经久的成功联结于迅速而光辉的成功之上的作品是什么样子。

只有按照我的原则、知道联结经久的实利与暂时的实利的作品，才能同时得着这两种成功；这就如某些性质的诗、小说、戏剧，以及道德的或政治的著述：最好注意这些作品，一是把那些依存于风俗、成见以及它们出现的时间和地方的美剥脱，在后辈人的眼目中，只能保存单是对于一切时代和一切地方所共有的美；以此理由，荷马对于我们与其对于当时的希腊人，比较起来，表现出了不一样的可爱。但这个损失，若大胆说来，这个成功上的减价，是随着那存在于一个作品之内而且常常是参差不齐地与当日的美相混合的经久的美优胜于当日的美之多少，以决定其大小的。为什么著名的莫里哀（Moliére）的《可笑的女才子》（*Les Femmes Savantee*），已经不如他的《悭吝人》（*Avare*）、他的《伪君子》（*Tartufe*）及他的《愤世嫉俗》（*Misanthrope*）之受推重呢？人们并不曾计算这些戏剧之每本里面所包含的观念的数目；因而人们也就不曾决定对于它们之应有的推崇程度：可是，人们已经感到一个喜剧，比如《悭吝人》，其成功是建立在对于一个经常存在而且经常有害于人之恶行的刻画，它必然地在其仔细的刻画中，包含着类于这个主题之好的选择之无限的美，即是说经久的美；反之，一个喜剧，如《可笑的女才子》，其成功是依据于一个临时的、滑稽的、只能放出些一时的美的光彩，这种作品虽最与这个主题的性质相称且或者最适于给公众以活跃的印象的，但却不能使它经久长存。这就是为什么我们较少看见各民族内的有才干的剧本从这一个戏园到那一个戏园都能成功的原因。

为什么辩才在共和党人里面是很受人推崇的呢？这是由于在

他们政府的形态之内，辩才打开了财富丰饶和伟大生涯之门。然而，一切人所有对于黄金和名誉的爱恋和尊重，必然地应当在取得它们的方法上加以思索。这就是为什么在共和国内，人们不只崇敬辩才，而且崇敬一切能够用以造成演说家的科学，如政治、法律、道德、诗学或哲学。

反之，在专制国内，如果人不甚重视这同一的辩才，这是由于它不能使人达于幸福；这是由于它在这些国内，差不多没有任何用处，一切用命令指挥就是了，无需劳神去说服人家。

因何而有军事科学在英国之受重视不如在罗马，而在希腊则没有受到所谓重视？这是由于英国人现在比罗马人近于迦太基人，他们以其政府的形态和物质的地位，需要伟大的将军更不若其需要灵巧的商人之甚；这是由于商业的精神、必然继之而引起奢侈和温和的趣味，每天在他们的眼目中都在增加黄金和工业的价值，每天都在减少其对于战争技能和对于勇敢的推重：德行在自由的人民中间，为民族的骄大所长久地维持；但它日益衰微，或者便是这个民族之没落和屈服的原因。如果反之，那些有名的著作家，如像洛克和阿第松（Adisson）的例子所证明的，一直到如今，在英国比在其他任何国家都觉受荣宠些，这便是由于在英国每一个公民都能参加一般的事业，而富有思想的人又能拿公众的真实利益去开导他的国家。要想人们对于工业不加以极大注意是不可能的。就是因为这个理由，在伦敦，能够很平常地遇着受教育的人，在法国则很难有这种机会；这并不如人所主张此乃由于英国的气候比我们的要适宜于精神些：在战争、政治、科学和艺术方面，我们的著名人物的名单上所列的，比他们的要多些。如果英国的领主普遍比我们的更加开明，这就是由于他们努力去受教育；这就是我们的政府形态比诸他们的所有之益处需要吸取的经验，他们所有的，在这方面超过我们很多；他们所保持的益处直至奢侈完全败坏了他们政府的原则，暗地里屈之于服役的羁轭下，并教他们轻于才而重于富。直到今日，在伦敦，受教育是有价值的，而在巴黎则是一个滑稽的事。这个事实就是当奥尔良（Orléans）公爵，这个摄政王以欧洲各民族的性质和天才之异点问一个外国人时，这个外国人向他说："回答国王殿下的唯一方法，就是将各民族的特点最普遍地归到一个人身上，以表现其社会。"他于是接着说："在西班牙，人们所问的是：这就是第一阶级以上的大人吗？在德意志：他能够进入教务会议吗？在法兰西：他到宫中去合适吗？在荷兰：他有多少黄金呢？在英吉利：这是什么人？"

这同样的一般利益，在共和国及混合宪法的国内，主持着尊崇之分配的，在服属于专制政治的帝国内，也是这同样的尊崇之单一的分配者。如果，在这些政体之内，人们不重视精神，如果在伊斯法罕（Ispahan）、在君士坦丁，对于有勋业的人还不若对于宦侍、内侍臣，或者总督之被重视，这是由于在这些地方，人们没有尊崇伟大人物的任何利益：这并不是说这些伟大人物在那儿无用或不需要，只是在以其集合形成公众的个人中，没有任何人有求于伟大人物的利益，因此就使人感觉到他们中的个人对于他不愿做的事常常总是不很重视。

对于在功业的贪图被幸运企图所排除的民族，是从不推重才能的，财富和尊贵就过于普遍地为人所羡望了。而为要得着幸运，在那一个地方，有头脑的人不是无可奈何地把那应该用在专一而持续的研究之上以使任何一门学问杰出的时间丧失于一个庇护者的客厅之内了么？为要取得大人先生的宠幸，他不应该屈身于任何谄媚、卑污么？假使生在土耳其，就必忍受土耳其王或王后的轻视；在法国，就应忍受封君或在位者的侮辱；他被轻蔑其具有一种与自己太不相同的精神，把他看成一个无益于祖国的人，不做认真的事业，至多不过是像一美丽的孩子以灵巧的儿戏为务罢了。此外，在位的人之于有成功的人，暗地忌妒其声誉，明则与他们以讥评，其接纳他们也是装点门面的多于趣味相投，这简直是为了表示他的府第中什么人都有。如此，怎能想象得到一个为光荣的情欲所驱动、遂志于快乐的恬静的人，竟微贱到这种程度？任何生而欲显名于当世的人，常常是站在反对大人先生的前列的；他所联络的不过是这些人：其性质与精神，生就是尊重才能而在大多数社会中感觉烦闷的，遂在那里像侨居中国的两个法国人相遇，一见便成知交那样的快乐，找寻富有思想的人，结识富有思想的人。

专为形成名人的性质，使他们必然地显示出对于大人先生及在位之人的仇视，或至少是淡漠，这在一些如东方的民族，他们被其政体和宗教弄愚笨了，老是生活在可耻的愚昧之中，大胆说来，是居于人与兽之间的。

在已经证明对于功业之尊崇的缺乏，在东方，是建立于人民用以推重才能的利益甚是稀少之故，以后，为要更好地感觉这个利益的势力，我们把这个原则应用到我们最为熟悉的事物上去就行了。如果我们考察为什么那随我们的政体而变化的公众利益，给我们以譬如对于详细考究之如此的讨厌；为什么语调于我们是那样的难堪，那么，便会感觉到详细考究是烦难而且令人疲劳的事情。公民以我们的政体之故，其需要教育少于游戏，他们一般只喜欢那种使他们在晚宴时感觉愉快的精神。因此，他们自然要轻视推理的精神，一切都或多或少地与这个课业上的人相像，他对于一个贤智的人在他的意见之证实上所呈述的推论感觉厌倦还不如其感觉烦难时，打紧地叫道："嘿！先生，我不愿人家给我证明。"

在种种快乐中，爱情的快乐是最有生气的。要想享受它，必须成为能获得妇女青睐的人，一自感觉爱的需要，则取悦于人的需要也就在我们的心灵中燃烧起来了。不幸有些情人犹如生翅的昆虫，以其所生息着的草的色为底色；这就只有借助于被爱之物的相似，才能使人喜欢。所以，如果妇女以人家给予她们的教育之故，应使所获得之轻佻和宠爱多于观念中的力量和正义，那么我们按照她们的精神而改变的精神，必会因此受同一恶行的影响。

这只有两个保险的方法。第一，就是改善妇女的教育，更加提高她们的心性，更加展开她们的精神。如果对青年教师有所亲近，无人怀疑不能把妇女的精神提高，无人怀疑美的手会在我们的心灵中播下精神和德行的种子。第二个方法（这自然不是我所要探究的），这将是从贞洁的残余方面解放妇女，其牺牲会使她们有权利去要求她们的情人之永久的尊敬和钦仰。于是妇人的宠爱，变成最通常的东西，表现得不十分珍贵，而更独立、聪明的男子，在她们身边所丧失的只不过专为恋爱之乐而牺牲的时间。因此，能够以研究和思维去扩大其精神、强健其精神。在一切民族和一切国家，凡是忠于妇女之偶像崇拜的，应使其成为罗马人或土耳其国王，处于两派之间是最危险的。

我以上所说的，证明人民的性质、天才以及兴趣之可惊的变异应当归属于政府，因民族利益有其多样性。如果有时以为对于一般的尊崇察觉了一个重新排列之点，比如军事科学差不多在一切民族，都被视为第一等的东西，这是因为伟大的将军几乎在一切国家都是最有用的人物，至少在一个世界性的、不可动摇的和平约法出现之前，都会如此。这种和平一旦被牢牢缔结，人们就会毫无异议地把那对于世界最大的军事首领的倾慕，给予在科学、法律、文学与美术之中著名的人物：由是，我可以得出结论说一般的利益，在每个国家之内，就是它的尊崇之唯一的分配者。

也有些国家好像是特别的样子：如果我们对自己有着强烈自信，对于他人所能尊重和赞美的只是自己的精神，那么，每个国家同样地对于其他的国家也只尊重其与自己相类的思想，一切相反的意见于是在它们之间都成为轻蔑的根芽。

如果从天降下一位贤人，在其行为当中他所咨访的只是理性的光明，则这位贤人会在全世界都被视为疯狂者。苏格拉底（Sucrate）说，他在其他人的面前，会像一个医生在儿童法庭前被做糕饼的人控告他曾禁止他的糕饼，他在那里定然像罪人了。他的意见尽管是被最有力的证明支持，也属枉然。一切民族在他看来，都像这个驼背的民族，印第安的寓言家们（Falulis Indiens）曾说，在这民族中有一位美丽、年少、身材优美的神：这个神走进首都，就被很多居民环绕着看。他的面貌对于他们俨然是特别的，喧笑和讥诮都表示了他们的惊异。人们对他的凌辱将更加厉害，如果要使他脱险，不只一个没有见过驼背以外的人的居民突然喊道："嘿！我的朋友，我们要做什么？不要侮辱这个不幸的冒充人的人。如果天已经把一切美的资质赋予了我们，如果他已经给我们背上装饰了一座玉山，为了对神仙表示充分的感激，我们走吧，进庙子去酬答神恩啊!”如果不是这样说，要使他脱险，行么？这个寓言就是人类虚荣心的故事。一切民族，都是赞美自己的缺点而轻蔑相反的品质：要想在一个地方得着成功，必须是在其所游历的国内做这一个驼子的提议人，“像那个居民一样”。

回想那战事的呼声惊醒了欧洲一切国家的时候，战争的爆发轰动法国南北的时候，假设在这时，有一个公民，一个十分热烈的共和党人，到了巴黎，出现于体面的社群中；当他在那里看见每个人以淡漠的态度对待公众的事，而只津津地留心于时髦、艳史，或者一只小犬，他当要如何地诧异!

关于精神，我从其对于各种国家的关系加以考察时所说过的一般的结论，就是利害乃**民族对于他们的风俗、习惯以及相异的精神种类所有之尊崇或轻视的唯一的分配者**。

对于这个结论，所能提出的唯一的抗议，就是说：如果利益是加诸各种不同的科学和精神之尊崇的唯一的分配者，那么为什么有用于一切国家的道德又不是最受尊敬的东西呢？为什么笛卡尔（Descartes)、牛顿的名字，比较那在其作品中证明有同于他们的精神的尼古尔（Nocole)、伯鲁邪尔（Bruyére）以及一切道德家，这些人的名字还要显著些呢？我可以回答，这乃是由于大物理学家以其发现常有补益于全世界，而大多数的道德家，直到现在，并不曾有助于人类。反复唠叨、不停地说为祖国而死是很漂亮的，又有什么用处呢？一个格言并不能造就一个英雄。要够得上尊崇，道德家必须把他们那牺牲在构成德行上的格言之时间和精神，拿来用到专于形成勇而有德的人物之适当的方法的寻觅上去。

要促进科学的进步，单说这科学有益于公众是不够的；必须使每个国家的公民都能找出某种改进科学的益处。所以，在地球上一切民族所已经历的种种革命之内，公众的利益，即是说一个良好的道德原则必得常常建立于其上的最大多数的利益，并不是经常与最强有力者的利益相符合的，因此，这后者，对于其他科学之进步虽很淡漠，但对于道德的科学之进步则必作有效的反对。

事实上要求超出于其同辈公民而为其第一人的野心家，把他们踏在他的脚下的暴虐者，愚弄他们来俯伏拜跪的迷信者，这一切各种的人类之大祸根，这一切种类的极恶大罪人，为其特殊的利益所迫，而建立与一般利益相反的法律，已经很使人感觉到他们的势力只是以人类的无知和愚蠢为基础的。所以，他们对于凡是给民族发现道德的真实原则，将其他一切痛苦和一切权利揭破并使其武装起来反抗不公平的人，总是经常地强制他静默。

人们将会说：什么人类的仇敌还反抗道德之进步呢？

这并不真的是国王，而是其他两种强有力的人。第一是那些迷信的人，我并不把他们拿来与那真正有虔诚信仰的人混为一谈。这有虔诚信仰的人乃是宗教格言之维持者；至于那些迷信的人则是其摧残者。这些是人道之友，而那些慈和其面而野蛮其心的，则有雅各（Jacot）的声音，以扫（Esau）的手：他们对于高贵之行，漠然无所动。他们之所行只依据他们之所信、自己判断自己是有德行的人，不依据他们，人的轻信便是其正直之唯一的尺度。克里斯蒂娜（Christine）女王曾说：他们死死地恨那些不属于被他们欺骗的人；他们的利益使他们不得不做野心家、伪善者、老谋深算的人。他们觉得要压服人民，就应当使其盲目。所以这些慢渎宗教的人不住地大声疾呼反对那生而以启导民族为事者；一切新的真理在他们看来都是可疑的；他们好像黑暗中的孩子觉得一切都是可怕的了。

第二种强有力的反对道德之进步的人，就是那些半政治家。在这些人中间，实事求是地说来，只是因为懒惰、对于新的真理想避免必需的小心审察之劳，才成为无理的敌人。其他的人之所以那样，就是为危险的动机所驱动，这种人是最可怕的。这就是缺少才干和道德心的人。对他们来说，要变成大恶大罪，所缺少的只是勇气。这一批人，不能有新的和高尚的观点，对于他们的考察，在于显示他们对于已接受的一切意见和错误之愚蠢的或虚伪的尊重；他们猛烈地反对一切想要动摇这种帝国的人；他们用连他们也轻视的情欲和成见去反对他，而且不住地以“新”这个字去激怒精神贫弱的人。

既然真理必须驱除世界上的德行，一切都如此这般地成为恶行的益处，以致人没有做愚笨者就不能做有德行者，以致道德有论证那些情形的必要了，这门学问的研究对于世界因此变成凄惨的，他们要使俯伏在地的人民站在已受的成见之前，这就好像站在孟斐斯（Memphis）所敬奉的鳄鱼之前了。他们在道德上做出了某些发现吗？他们说，对我们自己来说，是应当揭露它的；只有我们，照埃及先导者的例子，应当是它的寄存者；而其余的人类都是被成见的黑暗所包围，人的自然状态就是蒙昧无知。

他们很与那些忌妒吐剂的发现、妄用几个僧人的迷信以规避效力神速的药品的医生，十分相像。他们妄用几个正经人的轻信，但这些人愚蠢的及被诱惑的正直，在不很贤明的政府之下，是能够把一个苏格拉底式的开明的正直陷于刑戮的。

这些就是这两种人用以压制开明的精神使其含默的方法。要抵抗他们，依靠于公众的维护是无用的。当一个公民为真理和一般的利益所激发，我知道由他的作品发散出的常常都是德行的芳香，足以使其见爱于公众，而公众也就变成他的保护者。但当其在公众的感谢和尊重的保护之下，并不就能逃脱这些轻信者的迫害，在贤智的人当中，有充分的德行敢于冒犯他们的愤怒的实在很少。

请看这是何等难于克服的障碍，直到如今，都在反对着道德的进步，这就是为什么这门科学几乎常常是无用的，而且依我的原则，常常都是很少值得尊崇的原因。

但是，不能使这一民族感觉到它们从一个优良的道德中所吸取的实利吗？不能对于开辟这种科学的人更加尊敬，给予其荣耀而加速其进步吗？

可是，人是生而为有德者的：实际上，如果力量主要存在于最大多数里面，而正义则在有益于最大多数的行动之实践里面，那便显然可见正义以其本性就常常为压制恶行而使人必须有德之必要的权力所武装了。

如果胆大而有力的犯罪，如此常见地把正义和德行置诸缧绁之中，如果它压迫民族，这只是由于有愚昧的帮助：这就是愚昧在对每个民族掩藏其真正的利益时，阻止其力量之联合与行动，并且用这个方法使犯罪的人逃脱公平的制裁。

所以，应当用什么轻蔑加诸那任何想拘束人民于愚昧的黑暗之中的人呢？一直到现在，人们并不曾充分坚持这个真理。这不是说应该在一朝一夕之间推翻一切谬误的神坛，我知道使用什么法子人们应会推进一个新的意见，我并且也知道，在摧毁一切谬误的神坛之中，须得尊重成见，并在攻打一般地被接受了的谬误之前，必须如哥伦布发现新大陆一般，发现某些真理，以便看看成见的罪恶是否还不曾笼罩世界，谬误是否开始散播，在世界中是否存在德行与真理能够和人会通的可能。

可是，如此的细心只不过是对付那不很危险的成见。对于那贪图权势想愚弄人民以便于虐待的人，又当怎样呢？应当以大胆的手，撕破那为这些作恶天才的势力所依属之愚蠢的灵符，给民族发现道德的真实的原则；教他们知道他们是不知不觉地被引向于其表面的或真实的幸福的，痛苦和快乐就是道德世界的唯一动力，而自爱的感情乃是能够筑下一个有益的道德之唯一的基础。

是什么样的虚荣阻碍了人们实现对这个原则的认识呢？要想在这里得到成功，必须禁止他们去探测他们的心，而检察他们的行为、打开历史的书篇，即可看见一切时代一切国家的人民单注意于快乐的呼声，牺牲他们的同类，我并不是说为着大的利益，而只是为他们的感官之乐和游戏。我且以这些养鱼池来做证据吧。在其中，野蛮好吃的罗马人淹死了许多奴隶，把他们拿去做喂鱼的食料，以便使鱼肉来得更美味一点。我再说台伯河（Tibre）中的岛吧。在那里，主人十分凶残，运来许多残废的、老的和病的奴隶，让他们死于饥饿的酷刑之下。我还讨厌那些广大而壮丽的角斗场的残迹，那里刻下了人类野蛮的豪华；在那里，世界上最开化的民族，单为由战斗境况所产生的快乐而牺牲了数以千计的角斗士；在那里，妇女成群结队地追逐；在那里，女性生活于奢侈、温柔以及快乐之中，女性生就是世界的装饰和爱物，仿佛只应贪恋于肉欲，其野蛮之所极甚至于要求已经受伤的角斗士在临死时，要做出一个快意的姿势。这些事实，以及千百件其他同样的事实，对于虚荣给人类掩藏其真实的原因，证得太明白了。每个人都知道他并没有与罗马人不同的天性，都知道他的教育的不同产生出他感情的不同，并且都知道那个奇观单是说起来就使他叹息的，如果他生长于台伯河畔，无疑地，习惯会使他于这种奇观感觉畅快。有些人，由于他们懒于自检及被自以为善的虚荣所欺，想象他们在同样奇观前也会感动的人类的情感应当属于他们天性之特殊的优良：有道理的人，则承认天性正如帕斯卡尔所说和经验所证明，丝毫不是别的东西而只是我们的第一习惯。那么，对于人想要掩藏着推动他们的原则乃是荒谬的事。

单是用好的法律，就能够造成有德行的人。所以一切立法的技巧，就在于以人之爱他们自己的情感，迫着人彼此永远公正相待。而为要制定出这样的法律，必须懂得人类的心；并且在前提上要知道于自己则多情、于他人则冷淡的人，也不是生来就善，也不是生来就恶，而其或此或彼，乃由于公共的利益之联合他们或分裂他们；每个人所感受之宁肯为自己的情感联系于种裔保存的情感，是由天性出发，被以一个不可磨灭的样子刻就的；物理的感觉性在我们心中发生快乐的爱慕和痛苦的仇恨；快乐和痛苦，接着又把那自爱的根芽栽下而且于一切的心中开花，而它的发展生出情欲，又由此发出我们的一切恶行及一切德行。

这是由于从这些前提观念思考，才懂得什么为情欲，照犹太导师所说，其被禁止的树只是一个精巧的想象，同样地在它们的蒂上结着善与恶的果子，才能看出它们用在我们的恶行和德行之上的机械组织，并且结果才能使一个立法家发现那在强迫情欲只结德行与贤智的果实中使人不得不归于公正的方法。

而如果这些适于使人有德的观念的检讨，为上述两种强有力的人所禁止，那么，加速道德之进步的唯一方法就是如我在上面说过的，在愚蠢的这些保护者之中，去暴露人道最残暴的敌人，去夺取他们手中所持关于愚昧的权杖，即他们用以指挥被愚弄的人民的东西。这里，我还看出这个方法，在理论上是简单的而且容易的，在实行上却是很困难的；这并不是因为没有产生那能够把强毅而道德的性灵联结于广大而光明的精神上的人物。有些人，深信一个没有勇气的公民就是一个没有德行的公民，感觉到就是个人的财产和生命，可以说在他手中的，都不过是一个堆栈，只要公众的福利需要时，他时常都是准备着交付的。然而，这同样的人，要开导公众，常常觉得人数太少；此外，当一世纪的风俗以滑稽的罪恶与德行联结时，德行就常常是无力的东西。所以，道德和立法，我所看作单一的且同样的科学，只能做出些不易感觉到的进步。

如果有合于全世界的公道存在，那么这种公道只不过是有益于一切国家的行动之习惯。然而并没有能够直接影响规范一切民族的幸福或痛苦的行为。最宽厚的行为，出于慈善，在道德世界中产生的结果并不比投入大洋里的石头必然地激动水面所产生的结果还显著些。

因此，并没有合于全世界的实际的公道，关于意志的公正，即归约于人的幸福之经常的及习惯的愿欲，因之而归约于普遍的福利之单纯而广漠的宏愿，我可以说这种公道仍旧不过是一个柏拉图派的幻梦。实际上，如果诸民族之利益的对抗，使他们彼此相对在一个永续的战争状况之中；如果在诸国家之间所缔结的和平，原来只不过是一个休战，正等于两只战船在长期的战斗之后用以修缮而且准备再战的时间；如果所有的国家除了侵害邻国便不能扩大其领土和商业；最后，如果一个民族的幸福与扩大，几乎常常都是系属于它民族之不幸与削弱，那么显然地，爱国主义的情欲，在一个公民是如此可欣欲、如此有道德、如此可尊崇的情欲，如希腊人和罗马人的前例所证实的，却是与全世界普遍的爱绝对地不相容的。

要想成就这种公道，必须使各民族以相互的法律与条约联结起来，好像构成一国的家庭那样，而各民族的特别利益应当服从最普遍的利益。由此，祖国的爱在人心中消灭下去，更燃起全世界之爱的火焰来：这乃是要很长时期才能实现的假设。由是，我可以得出结论说在这里不能有关于全世界的实际的公道，也不能有意志上的公道，精神有异于公道就在这一点上。

实际上，即或一个私人的行为于世界的福利，丝毫不能有任何贡献，即或他的德行的影响不能伸展到一个帝国的范围以外去，然而他的观念却不如此：如果一个人发现一种有效的药，如果他发明一个机器，譬如风车，他的精神的这些生产，能够使他成为世界的慈善之人。①

此外，关于精神的问题与关于公道的问题一样，对于祖国的爱，与对全世界的爱并非不相容。一个民族之战取光明，并不一定要从邻人的损伤那里得来：反之，国家愈是开明，它们愈是能够相互地考虑对方意见，因之世界精神的力量和活动也就愈见增

① 所以，精神乃是各种益处的第一位，与一个人的德行比较起来，能够无限地有更多的贡献于人的幸福。建立最好的立法，因而使人得着可能有之最多的幸福的，是靠精神。真的，这个立法的传奇还不曾实践，而在实现这个假说之前，还当经过许多个世纪。然而，在圣比耳院长先生（M. l'abbé de Saint Pierre）的忍耐中，我们可以预言依他一切想象都会实现。

既然热望允许每个人成为他的公道的颂扬者而不是他的精神的颂扬者，那就很应该使人模糊地感觉到精神乃是禀赋中的第一件。

长。由此，我可得出结论说：如果没有关于全世界的公道，至少有某种精神是我们能够在这个境况之下去看待它们的。

凡是伟大的，都有权利取得人的眼睛和意象的喜悦：这种美，在描写之中，无限地胜过一切其他的美，这些美例如依赖着比例之正确性的美。既然一切国家不能具有一样的比例的观念，所以是既不那样生动地亦不那样普遍地被感觉。

实际上，如果用圣-洛郎（Saint-Laureut）河的瀑布、在爱地那（Etua）掘的洞窟、在阿尔卑斯（山）上乱堆着的巨量岩石，与艺术所仿造的瀑布、它所掘的地道、它所堆起的假山相比，岂不会感觉到由于这个浩大的费用、由于自然放在它的一切作品中的鄙野而粗大的华丽所产生的快乐，无限地高于那由于比例正确所产生出的快乐吗？

要使人信服这些话，我希望一个人夜间登山去仰观苍穹：在此地吸引他的是什么乐趣呢？这就是那些星球依以排列着的整齐性吗？可是，这里，在银河内，乃是无数的恒星，无秩序地这一些堆在那一些的上面，那里乃是广大无比的沙漠。然则什么是它的快乐的来源呢？这就是上天之自身的广大。实际上，当这些放着光芒的世界只表现一些光辉的点散布在以太（Ether）平原中，当一些恒星更远地罗列于苍穹的深处要很费力才看得出来时，什么要从这个无边的广大中形成起来呀！从这些终极的范围跃出的想象，对于周游一切可能的世界，岂不必然陷落于诸天的浩渺无边和不可测量的深渊里、沉没于那占据全部心灵又不使其疲乏的对一个事物之沉思所产生的心悦神怡之中吗？

被纯粹看成描写家的诗人，其艺术只能把运动着的事物景象提供出来；并且如果能够的话，在描写之中，也一样能同时触动着多数的感官。对水的汹涌、风的怒吼、雷电的闪光描画，能够比一个狂风大浪的海的奇观使我们所感受的快乐有所添加吗？在大地回春时，伴着黎明到马利公园（Jardiu de Marly），在这时，花蕊半放，它们散出的芳香，群鸟的歌唱、瀑布的幽响，岂不更加添了这些快乐的小小林园的乐趣吗？一切的感觉有如此之多的门户，使快意的印象由之而走进我们的心中来：把那些门户一起打开，快乐就透入心中了。

# 第三讲 精神是自然禀性还是教育的结果

假设两个人具有一样的注意能力、同等程度的记忆力，两个人除感官的灵敏之外，是完全相等的。在这个假设中，视觉最敏锐的人，一定能够把事物之很多极其细微的，为视力不甚完善的人所不能见的部分，放在记忆中而予以比较。然而，由我的假设出发，这两个人具有着同等程度的记忆力，而且能够，假如说，容纳两千件事物。说实在的，第二个人能够以历史的事实代替那一敏锐程度稍差的视觉所不曾观察得到的事物，而且他仍能满足第一人的记忆所容纳的两千件事物的数目。而从这两个人看，如果视觉感官稍差的人，能够在他的记忆的储藏室里放有与另一人一样巨量的事物，此外，如果这两个人其他方面是完全相等的，那么他们因此应当作出同样的综合，而且由我的假设看来，就应当有同样的精神，因为精神的程度是拿观念和综合的数目来测量的。因此，视觉器官的极其完善或不甚完善，所能影响的，只是精神的种类，使这个变成画家或植物学家，使那个变成历史家或政治家；但它对于精神的大小范围，是一点不能有所影响的。所以，不必注意精神之固有的优越性，而在那些具有最灵敏的视觉和听觉官能的人中，和在那些习于用眼镜和听音机（喇叭）的人中，由此生出的差异只是官能上的。由此，我可以得出这样的结论：在我称为构造完好的人们中，智慧的优越所系的，并不在乎内外器官的最完备或较不完备；精神的巨大的差异，必然地依属于其他的原因。

为要证明这并不属于记忆程度的不等，只须指出通常器官完好的人，都禀赋得来一种足以升到最高思想的记忆程度。事实上，假使一切人的记忆的储藏室能够容纳若干数目的观念或事实，以致在不断地把它们拿来比较之中，能够常常发现一些新的关系，增加他的观念的数目，结果常常扩大其精神的范围，那么，他在这一点上面是充分得着自然之恩惠的。若是有三四十件事物，能像几何学所证明的那样自相比较，其样子之多，以致在长期的生活过程中没有哪个能够从之而观察出其一切的关系，也不能推究出一切可能的观念；若是在我所称为器官完好的人中，没有任何一个，其记忆所不能容纳的不但是一种语言的一切字，而且还有无限的日期、事实、名称、地点以及人物，即是说所要记忆的事物的数目、远远超过六七千；由此，我大胆地结论说凡器官完好的人所禀赋着的记忆的能力，起于用以增加其观念的能力；记忆的程度之高不能予其精神以高的程度；因此，决不能把人的记忆的不平等看成精神不平等的原因，精神的不平等单单是：或者由他们观察事物间的互相关系时所用的注意力或大或小的结果，或者由他们所付诸回忆的事物之选择不良的结果。有许多事物，实际上是没有用处的。例如时间、地方及人物的名称，或与这同样的东西，在记忆中占了巨大的位置，这并不能产生新的观念，亦不能产生有关于公众的观念。所以，精神的不平等，是部分地依存于收入记忆之中的事物的选择。假如青年，在中学时代有灿烂的成绩，但在更长的年岁就常常不能同样的表现，这是因为那些造成好学生的规则之良好的比较和应用，绝不能证明在后来，这同一个青年就能使用其视觉于事物的比较，由之而生出有关于公众的观念。故而，若没有勇气把无限的无益事物放在不识不知之列，是难成为伟大人物的。

一般而论，当我们相信注意难于承受时，这就是我们把看成烦闷和急躁的疲劳作为应用的疲劳去了。实际上，世上如果没有无愿欲的人，也就没有无注意的人。一旦愿欲成了习惯，注意也就同时变成了一种需要。这使注意成为疲劳的就在那里决定了我们的动机。这是由于需要、缺乏，或者恐惧，注意于是成为一种辛苦吗？是由于快乐的希望，注意自身于是成为一种快乐吗？假设对于同一个人，拿两种难于解说的文字给他：一种是记录，另一种是情妇的书信，谁会疑惑注意对于前者之辛苦不是与对于后者之愉快是一样的呢？由于这个观察的结果，就容易说明为什么注意之费力于这些多于那些。对于这种结果，没有拿身体结构上任何差异去作假定的必要。这只须指出在这方面，注意的辛苦之或大或小，常常以那为各人看作这种辛苦之报酬的快乐的或大或小为比例就够了。而如果同样的事物，在不同的眼里，从不曾有过同样的价值，那就显然是因为在提出同样的报酬的东西于各种人时，实在不曾给他们同样的报酬。而且，假如他们不得不使用同一的注意的努力，那么，这个努力必然是对于一部分人比对于另一部分人要艰难些。因此，对于注意之难易的问题，就可以去借助于发生注意的器官在完善上不平等的神秘而把它解决掉。

但是为什么有名人物这样地少呢？这不过是因为研究是有点辛苦的；这是因为要克服研究的枯燥无味，如我已经多次说过的，是需要一个情欲的冲动。

在青年的第一阶段，惩罚的恐怖足以强迫青年人去研究。但在年龄更长的时候，却感受不到同样的待遇了。那时要献身于专心的疲劳，就得鼓以情欲，例如光荣的爱，我们的注意的力量于是就与我们的情欲的力量成比例。试考察小孩吧。他所以在本国语言的进步上，比在外国语言方面可说少有什么参差，就是因为他们都为大致相同的需要所鼓动。这即是说，就像为好吃、为贪玩、为要认识所好所恶事物的愿欲所鼓动一样。而大致相等的需要，必然产生大致相等的结果。反之，如像对于外国语言的进步，这就要依赖：教师所用的方法、他们所影响于其学生的恐惧、学生的父兄叫他们学习语言的企图。由是，便令人感觉到系于这样复杂的影响和错误之变化多端的原因上的进步，也就因之而不得不是极其不平等了。由此，我可得出结论说：在人们所指示出的精神的巨大差异，也许是依存于他们所有教育自己的愿欲的差异。但人可以说这个愿欲就是一种情欲的结果；而如果我们只应把我们情欲力量之大小归之于自然，那么，由此可知精神结果就当被看作自然的禀赋了。

这就是这个问题全部的真正精细的地方了。要解决它，必须理解情欲与其结果，并对这个题目，进行深刻而详细的检讨。

烦闷在宇宙中是出乎人想象之外的一种普遍而强大的力量。

拿一切痛苦来说，无疑地，这是最轻微的痛苦，但总算是痛苦之一。幸福的愿欲，常常使我们把快乐的缺乏看作一种不好。我们要想使那分开永远联系于物质需要的满足之强烈的、快乐的、必然的空隙，被那某些经常惬意的感觉在其不是痛苦的时候所补充。所以我们总是希望，以常新的印象于每个时刻知会我们的存在。因为，这些知会的每个，对于我们，就是一个快乐。这就是为什么野蛮人当其满足了需要时便沿河岸而奔走，在那里，急流不断地逝去，波浪滔滔前后相逐，每一刻都对他给予以新的印象。这就是为什么我们对于事物喜欢那动着的过于静止的，这就是为什么俗话说："火作伴侣"(le feu fait compagnie)，即是说火是给我们解闷的。

这就是这个活动的需要，而印象的缺乏在心灵中产生一种忧虑，它部分地包含着人类精神的变化和改善的原则，并且在它迫着精神向一切方面活动中，必然在无数个世纪的革命后，发明并改善技术和科学，结果引起美感的衰落。

事实上，如果印象之于我们，有如何的生动便能发生如何的快感，并且如果同一印象的经历要消磨它的热烈，我们就不得不贪图那在精神里面能够产生惊人愉快的新的印象。艺术家，急切于使我们愉快而在我们心中煽起这种印象，在已部分地竭尽美的组合之后，便不得不代之以使我们看重于美的奇异，因为它能在我们心中产生更新的因而更活跃的印象。这就是在文明的民族里美感低落的原因。

为便于对烦闷的厌恶所能给于我们的一切影响以及对什么有时是这个原则的动力求得更好的理解，就须对人施以观察者的眼光，因此将感觉到如此种种，即：他们之中，大多数是由于烦闷的恐惧使其活动和思维的；这是为要冲破烦闷之故而不惜一切去接受过于强烈的因而不舒畅的印象，如此，人们才以最大的热情去追求可以强烈地给以激动的一切。就是这个愿欲，使人们奔驰于沙岸而出众的人就到戏院去。也就是因为这个同一的动机，往往使人在一种凄伤的忠诚中和一个惩罚之严酷的实施中，向老妪找寻苦闷的救药。因为那以一切种类方法去寻求的罪人转向于他的上帝通常所使用的便是烦闷这种方法。

但是，这尤其是在有些世纪，最大的情欲或者是为风俗所拘束，或者是为政体所拘束，烦闷就演着最大的作用。它于是成为世界普遍的原动力。

在宫廷之内，王座的左右，这就是那与程度低微的野心相联结的烦闷之恐惧使无所事事的廷臣变成小小的野心家，使他们抱有一些小小的愿欲，使他们做出一些小小的阴谋、奸党、罪过，以求取得适合于其情欲的小小地位；这种烦闷之恐惧，只造成些塞扬努斯（Sejanus）①，从不曾造出些屋大维（Octave）。但此外，它是足以上升到这些地位的，即在实际上可以享受一个无耻的特权，然而要在那里找一个躲避烦闷的安乐窝终属枉然。

情欲之于精神（Moral）如运动之于物质。运动创造一切、消灭一切、保存一切、生动一切。没有它，一切都是死的，同样使精神世界有生气而活跃的，也就是情欲。引导船舶横越大洋的，为贪欲；填满深谷、削平大山、开凿贯通山石的道路、建立孟斐斯的金字塔、开凿莫里斯（Moeris）湖，以及建造罗兹岛（Rhodes）的巨像等等的，为骄傲。常言说得好，第一个画家是

① 公元前20—公元31年，提比略统治时期的罗马官员之一。以谋取最高政权被提比略处死。——译者

为爱情而动笔的。在上天启示这种神秘的奇迹尚未透入的地方，为抚慰那因死掉年轻丈夫含悲的寡妇的痛苦而给她创造一个灵魂不死说的仍旧是爱情。把人类中的慈善家位于神仙之列的，则是报恩的感激；发明谬误的宗教和那不全起源于像爱情和报恩一样尊贵的情欲的迷信的，也是报恩的感激。

所以，发明和艺术的美妙不得不归功于强烈的情欲。强烈的情欲因此不得不被看作精神之生产的根芽以及使人类做出伟大动作之有力的动机。但在论述它以前，我应当把我联结在“强烈的情欲”（Passion forte）这个词上面的观念予以固定。假如大多数人说起话来不能互相了解，就应于意义不明之词上求其懂得。巴别塔（Babel）所弄出的奇迹之延长，就可以明白归属于这个原因。

我所谓强烈的情欲这个名词，就是这样的一种情欲，即其目的物（或对象——译者）于我们的幸福非常必要，以至于在没有得着时，我们的生活就不能支撑的情欲。

这在实际上即是一些带着这种程度的力量能实现最伟大的行为，能使危险、痛苦、死亡乃至上天增加勇气的情欲。

这就是热情这种东西在强烈地固定我们的注意力于我们所愿欲的目的物上，使我们在其他的人所未知的状况下注视它，并因此使许多英雄想出和执行这样大胆的企图：即他们直到成功证明了智慧时，对于众人还像是狂妄的，并且不能真正自如地表现它。

所以为什么黎塞留（Richelieu）说：当最伟大的计划对于强的灵魂看来是容易的时候，弱的灵魂就在最简单的计划中亦觉得有不可能者：在那一个面前，山岳都要低头；而对于这一个，则小小丘陵也会变成大山了。

这在实际上，是强烈的情欲，比良智更明了，是唯一能教我们区别非常的和不可能的，使人知道有道理的人几乎常混作一起：因为在不被强烈的情欲所驱动时，这些有道理的人永不过是些平凡的人。这种议论是我为使人感觉到被情欲所驱动的人对于他人的一切优越，并且指出真正地只有伟大的情欲才能产生伟大的人物，这就是我要证明的。

在成功之前，如果在一切方面都很伟大的天才，几乎常常被那些谨厚的人当作疯子看待，这只是由于谨厚之徒，丝毫不能做什么大事，甚至不能够预料那些伟大人物用以遂行伟大事物的方法之存在。

很少人能够把他们的思想升高到普通思想之上。而敢于实行并说出其思想的人，就更少了。假若有道理的人，要想使用这同样的方法而缺乏情欲的某种接触和某种认识，那么，他们就永不能有良好的应用。他们生就是走常走的路；若是放弃这些路，他们便会迷失。有良智的人就是这样一种人，其性质是为懒惰所统御的。他并未具有灵魂的活动力，以首先对于伟大人物发明新的弹簧推动世界，或使他们现刻就播下未来事变的种子。所以，未来的书是只给有情欲而渴慕光荣的人而打开的。

如果把每个特殊的情欲加以检察，就看出它们追求的一切目的物时常都是很明了的；只有它们有时才能看出那被愚昧归诸偶然的结果所有的原因；只有它们，因此能够缩小，或者有一天能整个儿地打破这个偶然的帝国，即为每一个发现所必然地缩小其范围的。

这章的结论就是这些有道理的人，这些凡庸者的偶像，总常常较有情欲的人低劣。而且这是强烈的情欲在使我们离开懒惰时，唯一能予我们以这种精神的优越之所系的注意的继续性。

精神的活动依存于情欲的活动。人之能够有最大的奋发、德行和天才，也还是在情欲正盛的年代，即是说从二十五岁到三十五岁及四十岁。在这个年龄，生来做大人物的人，在他们的情欲还几乎丝毫没有失其活动力时就已经获得了一定数量的认识。这个年龄过去，情欲便衰弱下去，这就是精神增长的限度，于是再也不能获得新的观念了。此后所成的作品，无论是如何的高超，都不外是把那情欲横溢时代所想出的观念，向来还不曾致用过的，拿来应用与展开而已。

此外，情欲的衰弱并不一定常常归因于年龄。对于一个事物，当决意占有它的快意并不等于为取得它而必须耗去的辛苦时，情欲冲动就会中止。酷好荣誉的人，只能牺牲与他认为代价的尊荣足以补偿的嗜好。这就是许多英雄，为什么只能在营阵的闹嚷中及胜利的歌声中才摆脱肉体之爱的圈套。这就是大孔代（le grande Conde）①为什么在打仗的日子才能克制他的脾气，据说在战争时，他是最冷静的人。这就是为什么，假若能够把所谓最大的事和最小的事比之于居卜勒（Dupré）在他的普通行为中十二分疏忽的习惯，只有在剧场中才被克服，因为在那里现场的喝彩足以补偿为编排戏剧所费去的辛苦。假如人不辞心于光荣，人是不会战胜其习惯和懒惰的。著名的人物，有时只有对于最大的事才能动心。如果他们不能几乎侵入整个的尊崇的帝国，大多数会不免堕落于可耻的懒惰之中。极端的骄傲和极端的野心，每每在它们当中生出冷淡和节制的结果。一个小的光荣，事实上，

① 1621—1686，路易二世·德·波旁，第四代孔代亲王，法国波旁王朝的贵族，法国著名的军事家和政治家。——译者。

永久只能被一个小的灵魂所愿欲。如果一些人，非常注意穿着的方式，在友辈中专讲交际辞令，那就一般都是不能做什么大事业的人，这不仅是因为他们把那可以用来发现伟大思想和造就伟大才能的时间耗费在取得无限小的才能和小的漂亮上面，而且还是因为那小小光荣的追求，其作为前提的愿欲在他们就太为薄弱，太为淡泊。所以，伟大的人物，差不多完全是不能在必需的小殷勤和小注意上去取得称道的。他们很鄙视这同样的做法。苏拉（Sylla）[①]谈到恺撒（César）[②]时说：不要信任这个青年人，他在街上这样无礼法地走；我在他心里看出许多马留斯（Marius）[③]来。

我相信我已经做到能够充分感知情欲之整个的缺乏，如真有其事的话，就会在我心中产生天字第一号的愚蠢。而且只要情欲减少一度，也就接近愚蠢一步。情欲实在是使精神世界活跃鲜明的天火。就是科学和艺术的发现以及灵魂的高超，都应归因于情欲。如其人类应当把役务与其大多数的不幸归咎情欲，则这些不幸并没有给道德家以处罚情欲和把它们视作狂悖的权利。高尚的德行和明察的智哲，便是这种就在他们眼里亦可尊重的狂悖生出的两个充分美好的产物。

关于情欲，凡我所已经谈过的，其总的结论就是它们的力量是唯一能够在我们身上使懒惰和惰性的力量得着均衡的东西，使我摆脱那不断地趋向着的休息和麻木，最后且赋予我们以一种才能的优越性之所系的一种注意的继续性。

精神世界与物质世界一样，似乎上帝在一切已经存在的东西

① 公元前138—前78年，古罗马政治家、军事家、独裁官马留斯之劲敌。——译者

② 公元前100—前44年，罗马共和国末期的军事统帅、政治家，及罗马共和国的独裁者是罗马共和国体制转向罗马帝国的关键人物。欧洲史称凯撒大帝。——译者

③ 罗马将军，执政官，平民党领袖，与苏拉为政敌。——译者

当中曾立下了一个唯一的原则，现今存在的和将来存在的，都只是一个必然的发展。

他向物质说：我赋予你以力量。马上，伴以运动定律，在广漠无限的空间游移着和混合着的元素，就已经形成千百个奇大的聚合，产生千百种各式各样的纷乱，一直到最后它们互相被列于均衡的状态和物理的秩序之中，现在竟使人假设宇宙为安排好了的东西。

仿佛他同样地向人说：我赋予你以感觉性吧；是由于它，那为我的意志这个盲目的工具所不能认识我的深邃底蕴，就在不知不觉间完成我的计划。我把你放在快乐和痛苦的守护下面：它们彼此都留意你的思想和行动，孕育你的热情，激起你的厌恶、你的友爱、你的温柔、你的愤怒；点燃你的愿欲、你的恐惧、你的希望；并且在使你已经对于道德和立法制造出千百种谬误而参差的体系之后，总有一天，会给你发现道德世界的秩序和幸福之发展所系的简单的原理。

事实上，假设上天陡然创造了多数的人，他们第一关心的，就是满足他们的需要，之后他们立刻就要用叫声来表示他们所接受的痛苦和快乐的印象。这些最初的叫声，形成他们最初的语言。这种语言，若拿某些野蛮人的语言的贫乏判断起来，当初一定是很简短的，可归约为一些最初的声音。到了人数增多，开始散布于地球的表面时，这时的地面，一片荒漠，大洋远远盖着它的边际，不久他们就退入腹地。若干代人出现于陆地，营着窟洞生活，在家族繁衍到彼此相邻接的时候，那时占有同一东西的公共愿欲，如某种树木的果实，或者某一妇女的喜爱，就使他们中间发生争执和战事：愤怒和复仇就从这里产生出来。当其血已流够了，不愿继续过无止境的恐惧生活的时候，他们遂彼此同意牺牲一点自然状态中所有的自由，有害于他们的自由，于是他们便互相缔结公约。这些公约就是他们最初的法律。法律既定，不得不付托一些人来执行：是即最初的官吏。这些野蛮民族的粗陋的官吏，最初是住在森林之内的。当他们已经把野兽部分地灭绝了以后，当人民不能再以狩猎为生的时候，生活品的缺乏使他们学会了驯养畜群的技术。

这些畜群供给他们的需要，于是狩猎民族变成了游牧民族。在经过若干世纪以后，游牧民族的人数将极度地增加，于是在同一空间内的土地，没有被人类加工肥沃时，就不能供给更大数目之居民的食料；这时，游牧民族归于灭亡，由农耕民族起而代之。饥饿的需要，在使他们发现的耕稼技术中，教给他们以测量土地和分配土地的技术。分配之后，就不得不对于各个人保障其财产。由此生出一批科学和法律。土地以其自然性质的和耕种的差异之故，生出收获上的差异，于是人们彼此之间就不得不进行交换，并觉察出以一种东西代表所有的粮食在交易上的便利；为了这，他们便选择某些贝壳和某些金属品来使用。当社会进步达到这种程度的时候，所有一切人们间的平等便中断了。于是生了高等的人和低等的人的分别，“善”和“恶”这两个字，被创造来表示外界事物接触我们而发生生理的快乐和痛苦的感觉的，随后就普遍地引申到所有能够供给我们这个或那个的感觉，增加它们或减少它们，这就如富贵和贫乏。于是安富和尊荣，因为与它们相连的利益，遂成为人所愿欲之一般的目的物了。由是按照政体的不同，而生出犯罪的和道德的情欲，这就是所谓嫉妒、贪欲、骄傲、野心、爱国心、好名、宽大以及爱情。爱情，自然只是当作一个需要赋予我们，与虚荣心混同起来，变成一个人为的情欲，它与其他的情欲一样，只不过是肉体的感觉性之一发展。

无论这个结论是怎样的确实，它所由来的观念很少有人能明白地想到。此外，在承认我们的情欲原本导源于肉体的感觉性时，还能相信在文明民族所处的现状里这些情欲是离开了产生它们的原因而独立存在的吗？所以我要追溯肉体的快乐与痛苦成为人为的快乐与痛苦这个转化，以指示出有些情欲，例如悭吝、野心、骄傲和友爱，其目的物表现出很少依属于感觉的快乐。但是为我们所避免或追求的经常都是肉体的痛苦和快乐。

悭吝者是与忧郁症十分相像的。他们生活在永恒的恐怖里面，随便哪里都觉着危险，生怕一切接近他们的东西击碎了他们。

这还是在那些生长于贫穷的人中，我们最通常地遇着这一类的悭吝者。他们曾经亲身尝过那贫穷带来的苦楚，所以他们的痴愚，在这个观点上，与那些生于富饶而非悭吝者的人比起来是可以原谅的。在生于富饶的人当中，我们只能找着豪华的或淫奢的悭吝者。

为要看出在第一种人中间，需要缺乏的恐惧怎样常常强迫他们自行节制，我们假想他们中的某人，被穷乏的负担压迫过，打避免它的主意，主意打定了后，希望马上就来把他那被贫困所压制的灵魂活跃起来；它使他活动，使他找寻保护者，引导他到其主人的侧厅里去，强迫他在执政大员左右构造阴谋，匍匐于大人先生的脚下，结果不惜过最悲惨的一种生活，直到他已经取得某种地位，足以逃出贫困为止。达到这个境地后，快乐还是不是他所追求的唯一的目的物呢？对这样一个人来说，照我的假设，他本性是怯懦而优柔的，那么，他曾经忍受过的苦楚的活生生的记忆，必首先暗示他以摆脱它的愿欲，且以此理由，决定他一直拒绝他的某些需要，即贫穷使他习惯了的节制的需要。假如这个人到三十五岁或四十岁的年龄，一旦超过了需要，假如每刻都在消磨其生气的快乐的爱，很少在心中诱起活泼的感觉，那时他又将怎样呢？就快乐说，也是最不容易的事，假如他爱妇人，对于他需要有最美丽的，而其宠爱是最宝贵的；那么，他就须取得新的富饶以满足新的嗜好；而在他用于取得的时间的距离中，假如那与年龄俱进而可作为我们的弱点的情感之结果看待的犹豫和怯懦，给他论证出，在富有的事实上，“满足”（Assez）是永不满足的！假如他的贪图与他对于快乐的爱得到一种均衡，那么，他必然服从于两种不同的吸引力，为了服从这个和那个，这个人，不放弃快乐，就会证明他至少必须把享乐推到拥有更大的财富之时，到那时，他可以不愁将来而整个地从事于当前的快乐的享受。在这个用来积累新的财富的一段时间中，如果年龄使他完全感觉不到快乐，他会改变他的生活吗，那因其无能力感染新的习惯遂使其对他成为宝贵的诸习惯，他会不会放弃呢？无疑是不会的。并且这个人在望着他的宝库时，对于掉换成为财富的快乐的可能性是很满足的，为要避免烦闷的肉体的辛苦，他会想要完全从事于普通的业务。到他年老的时期，仍旧一样是悭吝者，因为积蓄的习惯并不能拿享受的愿欲来使其均衡，反之，它倒以为老年所常缺乏之机械的恐惧，永远存在于他心中。

然则，追求尊贵的热忱，又应当归属于什么呢？就以这些富有的少年为例，他们专喜欢在人家面前显示其灵活而灿烂的装束，为什么有野心的人只愿意以某些荣幸的标记作装饰呢？这是因为他把这些荣幸看作一种符号，向人们宣布他的独立，他所有之随心所欲地使他们许多人幸福或痛苦的能力，以及为他们全体都具有以博得永远与其提供于他的快乐成比例的思情之利益。

但是，人家岂不会说：野心家之所企图的宁可是人们的尊敬和崇拜吗？在事实中，他所愿欲的正是人们的尊敬；但为什么他愿欲这个东西呢？在人对于伟大人物致敬礼当中，并不是那尊敬的举动使他高兴。如果这个举动自身就是快意的，那么，随便一个富足的人都无须出门、无须追逐尊贵，就可以享受这种幸福了。要满足这个，他可以雇请十多个挑夫，给他们穿上华丽的衣物，戴上欧洲一切勋章，早晨把他们安置在客厅里，每天来给他的虚荣心献上一种谄媚和尊敬。

富足的人对于这种快乐毫无所动，就证明他们并不把尊敬当作尊敬去爱，而是当作其他的人不及他的供认，当作他们那在我们观察之下看来很可钦佩的能力以及他们那使我们免除痛苦得着快乐的热忱的保证。

伟大的愿欲，所以只是建立在对痛苦的恐惧或快乐的爱慕之上的。如果这愿欲的根源并不在这里，那么，比野心家的谜更易解的还有什么？人们会问你啊！你呀！你在瞻望高大位置的堂皇和华丽而把羡慕心汲尽，你敢于把自己抬高到一种更尊贵的骄傲；而且它们的光辉从此也不能被拿来强迫你了。稍须想想，你所高出于其他人的并不如昆虫之低劣于他们那样；于是你在侍臣中所看见的，只是一群绕着蜂王而嗡嗡着的蜂子：就是帝王之尊，在你也不过表现成为一种“虚荣”而已。

人们为什么不能倾听同这一样的演说？他们常常对于没有什么作为的人很少敬重，而重大的地位常常都是赋予伟大的才能么？这是因为伟大是一种产业，与其他财富一样，可以看作无限快乐的交换品。因此，它们能够使我们对于人的影响愈是广大，从而供给我们的益处愈是丰富，则人追求它们所用的热忱就愈是多了。

住在北极的野蛮人，屡常濒于凶猛的饥饿，永远忙于渔猎，其产生一切思想的不是爱情而是饥饿。这种需要在他们就是其一切思想的萌芽。几乎他们所有精神的组合，都只是流转于渔猎的狡计和供应饥饿之需要的方法上。

反之，妇人的爱，在开化的民族里面几乎是推动他们的独一的动力。在这些国家内，爱情发明一切，产生一切。华丽、奢侈技术的创造，都是对妇人的爱和博得她们欢心的企图之必然的结果。由富饶或尊贵使人不得不发生的愿欲，不过是诱惑她们的一种新方法。假设一个生来没有财产但又醉心于爱情之乐的人，曾经看到妇人之对于情人，是情人的势位愈高她们愈容易承欢于他，因而愈使他思索在她们之上的重视；由妇女的情欲激起了野心的情欲，我所说及的男子，就要希冀首相和将军的官职；他为了升到这些地位，不得不拿出全副精力去取得才干，或去策划阴谋。然而，本将形成的生活，其性质或是一个灵巧的阴谋家，或是一个有功业的人，都是完全与本在诱惑妇人的生活的性质相反；因为对于她们，平常只能以与一个野心家的生活绝不相容的忍耐性才能得其欢心。所以这是一定的，在少年时代以及他对于那妇人应当拿她们的恩情与信用交换的高位已经达到了，这个男子必须摆脱他所有的兴趣，并且几乎常常要牺牲现有的快乐去希望将来的快乐。我说几乎常常，是因为野心的路通常跑起来都是极长的。且不要说这些人，其野心是才满足马上又增长的，永远是用新的愿欲去代替已偿了的愿欲的。他们当了宰相的，又想当国王；当了国王的，又希望成为亚历山大（Alexandre），希冀世界帝国，并想坐在一个以普天下的尊敬给他们保证世界整个儿都为他们的幸福而操作这样的帝位之上。我还说，且莫谈这些非常的人，就假设在野心上是很温和的，也显然地那由于妇人的情欲而成为一个野心家的人，通常只有到一切愿欲都灭绝了的年龄才能达到初步的地位。

不过，他的愿欲，除非这个人已经被置在又峻又滑的危崖时，是不会淡下去的。他自己觉得四面八方都是要他甘心的人，他们预备射穿他，在他周围把弓拉得满满的。这时他才心惊胆战地发现了半开其口的可怕的深渊。他觉得在他的没落里面，由于伟大之悲惨的一份，他将成为受贫困而不被怜惜的人。他觉得他要受那曾被他的骄傲所凌辱过的人的侮辱，他将作他的对手的轻蔑的目的物，所谓轻蔑，这时是比从前的凌辱还要残酷些的。他觉得他为低于他的人们所嘲笑后，他们于是从这个尊敬的负担方面解放出来，这种尊敬的享用对于他有时好像可厌，但是当习惯使其成为需要以后，则尊敬的丧失又是一种难堪的事。他这才看出，他所从不曾领略过的唯一的快乐被剥夺了，并且至于衰减，他在像吝啬者观赏他的财富一样地观赏他的伟大时，再不会享受它们所能提供的一切享乐的可能性了。

如此，这个野心家，就由烦闷和痛苦的恐怖，被拘束于那快乐的爱使其进入的生涯之内了。保守的愿欲在他心中遂继而起。而为维持权位或达到权位，其必需的精力之多寡差不多是一样。显然的，这个人必然把他的少年及成年时代耗费于对这些位置的追求和守护，这些位置之被愿欲，单是当作取得那些为他所永不能接近的快乐之方法的。因此，到了不能有一种新的生活的年岁，他就委身且实在不得不完全委身于旧有的事业；因为一个永为活跃的恐惧与希望所纠缠并不断地为强烈的情欲所冲动的灵魂，其所看重的常常是与其受野心的搅扰不若过和平生活的无味的安静。这正像船一样，当北风已经不吹动海面时，仍被波浪卷到南岸去了。人在老年时代是循着情欲在少年时代所给予他们的方向而行的。

人只有要被人尊重才愿意成为可尊重的人，人只有要享受与这种尊重相连的快乐才愿意受人们的尊重。所以尊重之爱不过是变相的快乐之爱罢了。而快乐只有两种：一是感官的快乐，一是取得这些快乐的快乐。后者是被人列入快乐中的方法。因为一个快乐的希望就是一个快乐的开始。但这种快乐只有当这个希望可以实现时才存在。因此，肉体的感觉就是骄傲和其他一切情欲之产生的萌芽。在这些情欲的数目中，我明白友谊在表面上是最远离感官的快乐而独立的东西，为由这最后的例子出发以照应所有我已经说过的情欲的来源，这是值得加以检讨的。

爱，就是有所需要，决没有无所需要的友爱。如果说有，那就会是无原因的结果。人并不都有同样的需要，所以友爱在他们当中也就是建立在各种不同的动机之上的。这部分人，需要快乐或金钱，那部分人则需要信用，这一些人需要谈话，那一些人又需要委托其劳苦于人。结果就成了金钱①的、阴谋的、精神的和患难的朋友。再没有比在这个观点之下去考量友谊、去形成关于友谊的明白的观念更为有用的了。

关于友谊与关于爱情一样，往往有一些传奇，到处找寻心目中的英雄，相信无论何时都会找到。首次相遇便十分结缘，尽管知之甚少，而爱之则却深，并且以好奇的态度去求认识他。好奇心是满足了吗？事实上，人们很快厌烦这些，并未曾遇着他们那传奇中的英雄。所以人们会动情而不能够有什么友谊。因此对于友谊的利益，应该有一个明白的观念。

我要承认在把友谊看作一个交互的需要中，人只能藏在一个很长的时间过程里面，要想有同样的需要、同样的友谊②存

---

① 一直到现在，人们总是彼此相继厌烦地在说：人不应该在他的朋友中，把那些只为我们的金钱而与我们交往的人计算在内。这类友谊无疑是最谄媚的，但这总仍不减其为一个真实的友谊。例如人们，对于一名总检察官，总是爱他那使人服从的权势。在他们的大多数中，对人的爱是与对金钱的爱同一化了的。为什么要拒绝给这类情感以友谊的名称呢？人不能为我们而爱我们，但常常总为了某些原因，原因之于友谊彼此都是等价的。一个男子，一个妇人，我们能够因为这只单单是爱她那眼睛里美丽颜色的美而说他不爱她吗？但，人会说，那么只要这个富有的人刚刚落于贫困的时候，人家马上就会不爱他了。是的，诚然这样，但是，假设小小痘病毒染着一个妇人，通常人家是要与她绝断关系的，而这个决裂没有证明当她从前还美丽的时候人家并不曾爱过她。假设一个朋友，我们对于他有最大的信任，他的灵魂、精神和性格为我们所十分地尊敬，但他忽然变成瞎子、聋子和哑巴；我们对于他，将为我们的老朋友的损失而伤感；我们仍然尊重他的残废之躯；然而，事实上，我们不再爱他了，因为这不是我们曾经爱过的那样一个人。对于一个遭贬谪的总监察官呢？人就再不爱他了：这恰恰像一个朋友，突然变成又瞎、又聋、又哑的人是一样的。然而，这种真实的程度，对于贪图金钱的人之只会对那能供给他以金钱的人有最多的柔顺一事，并不减少。无论是谁，只要是需要金钱，便生来就是总检查官和拥有金钱的人的朋友。他的姓名能够记在地位所属的家用器物之清单上面。使我们不肯给予确有关系的友谊以友谊之名的，就是我们的虚荣心。在我所观察的东西上面，对于友谊的事实，最坚固和最经久的通常要数有德行的人的友谊。但在恶人也同此一样。如果，我们不得不承认友谊只是联络两人感情的这种东西，坚持在恶人之间没有友谊，这就是否认了最确切的事实。谁能够怀疑如两个谋反人，不是以最好的友谊联结起来的吗？热菲尔（Jaffier）不爱雅克·比尔（Jacques Pierre）队长（Capitaine）吗？屋大维无疑的是一个没有德行的人，他不爱那意志薄弱的墨色勒（Moccène）吗？友谊的力量，不能拿两个朋友的道德去测度，而只能用联结他们的利益的力量去测度。

② 两个朋友发生交谊于其中的环境一旦既知，则其性质就可认识了。假如他们必然绝交，毫无疑问就是一个聪明绝顶的人，预言这两个朋友停止其交互利用的时间，不能像天文学家计算日月蚀的时刻那样算准其决裂的时刻。

在于二人当中，是很困难的。再没有比过去的友谊更为稀少的东西。①

但是，如果相比于恋爱的情感，友谊的情感更经久得多，有它的发生、增长和消灭，知道它的人至少就不会从最深厚的友谊跳到最厉害的仇恨，而并不厌弃他之所爱。如此，他岂少了一朋友吗？他决不奋激起来反对友人；他只是叹息人类的天性，沮丧地大叫：我的朋友不再有同样的需要。

要对于友谊作出一个明了的观念，是十分困难的事。围绕着我们的一切，在这方面，都尽量想法来欺骗我们。在人们中间，有些为要他们眼目亲见最大的尊重，遂过分夸示其对于朋友的情感，由友谊造出一些传奇式的描写并且自信以为真实，一直要做到他们自己及他们的朋友都觉悟了，知道他们并不如其所想的那样友爱。

这种人，通常是自认为有很热烈地爱人及被爱的需要。可是，因为除了第一次与人相遇之外绝不曾被一个人的德行像那样强烈地刺激过；因为习惯使我们淡漠于美、精神甚至灵魂的品质；而我们最终只能够被惊奇的快乐来强烈地驱动。富有思想的人对于这个问题，曾很有趣地说：谁愿这样强烈地见爱于人②，就应该对友谊与对爱情一样，具有很多暂时嗜好而不可有情欲。因为，他又说道，最初的时间，在这方面和那方面的任何一种，都是最热烈和最柔和的时间。

---

① 不应当把习惯的联系、为承认的友谊而有价值的尊重，以及有利于并使我们继续同所谓他朋友生活的社会之荣幸的地方与友谊混淆起来。人当为最强烈的感情所动，常能照人家对他所已需的义务而为他人认识。但在事实上，他们如果表现出的是我们所不必需的，人也就再不爱他们了。

② 友谊不如某些人所认定的，是一个亲密永久的情感，因为人们没有任何持续不断的东西。在最亲密的朋友中，还是有冷淡的时候。那么，友谊可见就是亲热与冷淡的情感之相续，在这里，冷淡的情感是很稀有的。

但，对于一个自己对自己有幻想的人，他与十个假仁假义的人作为朋友，这些人装出些他们难以忍受的情感，有许多被欺的人而从不曾被人欺骗。他们给友谊染上鲜明的颜色，但是是假的；他们，唯一关心的就是他们自己的利害，只是为他们的利益而请其他的人在同一的画像之上来作模范。[①]

有了如此多的错误，要于友谊形成明确的概念是一件困难的事。但人家也许这样说，就是把感情的力量略为夸张一点又有什么害处呢？害处在使人们习于对他们的朋友要求一种为自然所不曾赋给的美满。

被这同样描画所诱惑，但终被经验所唤醒的无数的人，生来就是易感的，而在妄想之下疲于奔命的，感觉友谊的无味，对于这个友谊，他们假如不是从那方面构成一个传奇性的观念的话，这乃是本有的，并无不宜。

友谊以需要为前提，需要愈是急迫，则友谊愈是强烈。因此，需要便是感情的尺度。假使脱离翻船危险的一男一女，在一个荒岛上得免于难。在那里，没有重见故乡的希望，他们不能不互相帮助去防御猛兽、去生活、去摆脱绝望：没有比这个男子与这个妇人之间所有的友谊还更为强烈。但如果他们是留在巴黎，那么他们也许会互相厌弃。两人中的一个设或死去呢？则另一个真真就等于丧失了自身的一半；没有痛苦与他这个痛苦相等：应

① 对于友谊敢给以一个明白的意义，这或者需要有些勇气而且自己也是能够有友谊的人。如像那些常常爱讲述其冒险行为的怯懦者就是这种人。希望凡自称是那样重友谊的人读读吕西安（Lucien）的《多克萨利》(*Foxario*)；希望他们自己问问，对于那友谊曾使斯基泰人（Scythes）及希腊人所实现的行动，自己是否也能做到。如果他以良心自问，就会承认在这个世纪，人们连这种友谊观念也是没有的。所以，在斯基泰人与希腊人，所谓友谊是被置于德行之列的。一个斯基泰人，不能有两个以上的朋友；但为救助他们，就有权利包办一切。在友谊这个名称之下，激发他们的，有一部分是对于尊敬的爱。若单单是友谊当不至于有如此的勇敢。

当习于居住荒岛之上，以便感觉一切的凶暴。

但，假如友谊的力量常常是与我们的需要成比例，那么这就因此是政体、风俗、环境以及时代来此消彼长地便利于友谊了。

最好的回忆有时有同样的德行，在各个时代，依照其在每一世纪之不相等的用处而异其价值。

谁会疑惑在一个骚乱和革命的时代、在一个准备自卫的政体中，友谊不是比在一个和平状态中更为强烈更为勇敢吗？历史在这种性质上提供了千百个英雄主义的例证。于是友谊在一个人是以勇敢、细心、坚忍、光明和才识为前提；这些为骚乱时代所绝对必需而很难聚集于一个人身上的品质，便是使一个人极端见重于其朋友的东西。

如果在我们现时的风俗内，我们不向我们的朋友要求这些品质①，这是由于这些品质对我们没有用处；这是由于我们没有重大的秘密要托付，没有战斗要进行；因此，我们也不再需要我们朋友的才识、光明、精细、勇敢。

在我们现有的政体里面，个人并不是以任何公共利益联合起来的。要想得着什么好处，保护者比朋友更为需要。打开所有房屋的门户，奢侈和这所谓社会精神的，已经使无数的人脱出友谊的需要，没有动机、没有利益，是以使我们在现在感受我们朋友之真实的或者互相缺乏的。所以，这就再没有友谊了②；对于朋友这个字已不再把从前与它相连的观念与它相连了。所以在这

① 在这个世纪，友谊几乎不要求任何品质。无穷的人都安心作真实的朋友，都要在世间做点事业。这一些人，为免于毫无所事的烦闷而自愿成为他人事务之通常的求事人；那一些人则为人服务，但使人对于他们所尽的义务付出一种烦闷和其自由之丧失的代价；还有别的一些人，自以为很够得上友谊，因为他们是像一个储藏库的看守者那样可靠，而且有保险箱一般的德行。

② 所以俗话说，相识满天下，知心能几人。

个世纪可同亚里士多德一样喊出[①]："啊，我的朋友！再也没有朋友了。"

然而，如果人之或多或少地有朋友的需要是由于时代、风俗，以及政体的关系，并且如果友谊的力量常常是以这种需要之急切的程度为比例，那么人心之更易纳入友谊同样是看条件如何：普遍的是因为这些条件，人才有求于他人的需要。

不幸的人一般是最亲热的朋友；他们被共通的困苦所联合，在怜悯他们的朋友的不幸中，他们自身也就取得自慰自解的快乐。

我所说的条件，系就其性质而论。也有些不能没有朋友的人。第一种就是具有软弱、怯懦之性的人，他们在其一切行为中，只有他人的帮助和指导才能有所决定。第二种就是有忧郁、严肃和专制之性的人，他们就是他们所虐待的人的亲热朋友。这就充分像苏格拉底两个妻子之一，她得着这个伟大人物死去的消息，悲痛之深胜于第二个。因为另一个妇人性情温和可爱，在苏格拉底身上所丧的不过是一个丈夫，而那个妇人，则丧失了她的泼辣脾气的牺牲者，只他才能忍受那些。

最后还有一些就是除了一切贪心、一切强烈的情欲，而为受过教育者所乐道的人。在我们现有的风俗中间，这一种人，如其是有德行的，便是最亲热和最可信托的朋友。他们的灵魂，经常是呈现友谊、了解友谊的一切乐趣，依我的假设看来，没有任何情欲能够使他们这种感情得到均衡，友谊遂成他们唯一的需要。

① 每个人都照亚里士多德的话重复地说他并没有朋友，而每个人都特别坚持自己是好朋友。要这两个如此相矛盾的论调成立，必然在友谊的事实上有许多的伪善者和许多昧于自知的人。后一类的人，如我已经说过的，或者会起来反对这章书的某些议论。在我也许被他们的叫喊所反对，且不幸会被经验所赞成。

所以他们也能够有一种很明白、很勇敢的友谊，即或这友谊不像希腊人和斯基泰人（Scythes）那样。

由于相反的理由，通常人们愈是离其他的人而独立，他的友谊愈是淡泊。所以有钱、有势的人通常都很少感到友谊的需要，同时他们通常是冷酷无情的人。实际上，也许由于人类本性便是残酷的，无论何时他们都可以毫无过失地成为残酷的人。或者由于有钱、有势的人把别人的贫困当作他们的幸福之一谴责；最后，或者由于他们想逃脱不幸者之麻烦的要求，不管怎样，他们几乎常常苛待那些受贫困的人却是千真万确的。① 穷人的景况，在大多数有钱、有势的人心中，造成了与美杜莎（Medusa）② 头颅相似的效果：看着它的样子，人心就变换成了石头。

此外还有一些淡于友谊的人。这便是那些满足于自己的人。③ 这种人，习于从自己身上去找寻幸福，而且还对于尝被骗的快乐一事太明了，他们不能保存对人之恶的愚昧之幸。(这个贵重

---

① 他所做出的那些细微的错误，就是一个足够使他拒绝一切援助的借口：我们希望不幸者成为完人。

② 希腊神话中三女妖之一，珀耳修斯将她的头割下，她的头有使敌人一见即变为石头的作用，故每遇征战都把这颗头带上。——译者

③ 在这种情形中的人为数不多。自己满足的力量，原来被视为神的属性而且不得不当作神性重视的，但在一个人身上遇着时，便被置诸恶行之列了。因此，这就是在一个名义下遭斥责的，而在另一名义下就被赞扬了。人们不是好多次在无感觉性的名词下，对于丰特奈尔先生曾责难他所有之自足的力量，即是说足以成为人中最智者和最幸福的人 么？

如果极端的智者使人有时淡于个人的友谊，它也像圣·皮耶尔（Saint Piére）和丰特奈尔先生的例子所证明的，使他们替人类散布那活动的情欲强令我们聚集于唯一一个人身上的慈爱和感情。唯有智哲之人，与那些只在其因为被欺才是善良、而善良随其精神之明达递减的人们，大有不同，他总是善良的，因为只有他对人有所认识。他们的恶不能激怒他：他在他们中所看见的，正如德谟克利特（Democrite），只是一些疯子和孩子，若怒发冲冠地去反对他们就滑稽可笑了，他们比较起来是最值得可怜不值得恼怒的，他最后用一个机械师考察一架机器的动作一样的眼光去观察他们。他并不辱骂人类，只叹息于那把一生物的保存联系于它一生物的摧毁的自然，它令鹰鸟搏击鸽子、鸽子吞食昆虫，以互相滋养，它把每个生物造成一个行杀的凶 手。

如果只有法律才是没有脾气的裁判者，那么，智哲之人，在这方面，就可以与法律相比。他的冷淡常常都是公正的、大公无私的；它必须当作在位的人最大的德行之一看待，而一个朋友的太大的需要常闹出某些不公正。

最后，只有智哲之人能够宽仁，因为他是独立的。凡以交互的实利作纽带而联合起来的人，彼此都不能自由。所以友谊只成于交换，唯有独立可云馈赠。

的愚昧，在年幼时代，是很强烈地紧接着友谊的联系的。）所以，他们很少从这种感情中取得愉悦感，他们也就没有这一种感情。正如一个富有精神的妇人所说的，“这往往是冷酷的人亦如解悟的人那样地少”。

由我所说的可以得出结论：友谊的力量常常是与人们这部分对于那部分所有的需要成比例的[①]，而这个需要即随时代、风俗、政体、条件及性质之差异而不同。但是，人家说，假如友谊常常以需要为前提，则这个至少不是肉体的需要。什么是朋友呢？他是一个我们所选择的亲人。人渴望有一朋友为的是生活，可以说，为的是把我们的灵魂倾注到他的灵魂中去，而享受畅谈心曲的愉快。所以这种情欲，不是建筑在痛苦的恐惧之上，也不是建筑在肉体的快乐的爱之上。然而，我可以答复，一个朋友谈话的乐趣在于什么呢？在于能够诉说肺腑。资财已经把人置于尊贵的地位了么？人便与他的朋友商量增加其财产、其荣誉、其信用及其声名的方法。人是在贫困中么？人与同样的朋友，找寻免去穷乏的方法；而他的谈话，至少在痛苦中是能够给我们免除那些冷酷无情的谈话所有的烦闷。所以人与他的朋友所谈的，总常常是他的痛苦或他的快乐。然而，如果这所谓真的快乐和真的痛苦，如我上面所已证明的，不过是肉体的快乐和痛苦；如果供给它们的方法只是希望的快乐，即以前头那些存在为前提，而且可以说只是一个结果；那么由此可知友谊与悭吝、骄傲、野心和其他的情欲一样，都是肉体的感觉之直接的结果。

什么权力不在我们身上发生感官的快乐！感官的快乐，使底

① 如果人为自己而爱朋友，我们除考察他的安适外，从不必注意其他，不责备他没有来看我们或与我们写信：我们将说他似乎是做事更有兴味，我们为他的幸福而祝贺吧。

比斯人（Thébains）的神怪战争成为一个不可抵御的战争；当战胜者分配战败者的财物和妇女的时候，对于古代民族暗示以最大的勇气；它们最后造成这种萨谟奈人（Samnites）的道德性质，在他们，最大的美便是最大德行之代价。

要以一个最详细的例子保证这个真理，这就是人所检讨的，用什么方法李库尔格给他的同国公民以热情，换言之，即德行的狂热。并且，就会看见，假如在勇敢上没有民族能够超过拿塞德摩尼人（Lacédéniens），这就是因为没有民族能够像他们那样更加尊重德性，并更好地知道奖励。还能回忆那些庄严的祭日，在那时，按照李库尔格的法律，美丽的和年轻的拿塞德摩尼女子，半裸着身体，舞蹈地走进人民大会中去。在那里，当着本民族的全体人，她们用讥诮的态度侮辱那些怯于战斗的人，她们用歌词去赞美那大著战功的青年战士。这样，谁会疑惑那不奋勇的懦夫，当着全体人民面前，受这些青年女子苦辣的讥诮，为耻辱和惭愧之忧苦的俘虏，竟不会发生很沉痛的后悔呢？反之，对于那少年的英雄，由美丽的手中接到得胜之旗，从长老额上领略对于他们的尊重，从那年轻女子的眼目中领略对于他们的爱，并领略到只有希望和快乐才是这些宠荣的保障，这又是何等的胜利呢？可以疑惑这少年的战士那时不醉心于德行吗？同样，斯巴达人是常常勇于战斗的，在与敌人交锋中无不争先恐后奋勇前进，而且就四面八方都被死死包围着时，他们除了光荣之外没有看见别的东西。在这个立法当中，一切都倾重在把人转化成英雄。但要创立这种法律，就如李库尔格深信快乐是人们唯一的和普遍的动力，感觉到妇女无论在什么地方都像美丽花园里的花，生就只是为地球的装饰和眼睛的快乐；可以施于一个最高贵的使用；并感觉到这种几乎在世界上一切民族都轻贱和渺视的女性，能够与男子共其光荣，与男子同分取得的锦标，且最后成为立法之一个最强有力的动力。

事实上，如果爱的快乐对于男子是最兴奋的快乐，那么，在这个快乐内，包含着什么富于勇敢的萌芽，并且对于妇女的愿欲能不煽起道德的狂热吗？

谁在这一点上加以检讨，谁便会感觉到：若是斯巴达人的大会是最为众多的，在那里以最多的耻辱去加于不奋勇的人，对于有价值之事的崇敬和颂扬当还要来得重大些，那么斯巴达人也许会把德行的热忱还要推进得更远。

为要证明这个，假定如我所说的，我们更深入于自然景象之内，就已想象到了在以很多的艳丽装饰美貌的妇女中，在把最大的快乐联系于她们的享受中，自然已经有意地把她们造成最高道德的奖品。我们还要假定最美的拿塞德摩尼女子，照那些专供奉伊希斯（Isis）和维斯塔（Vesta）的贞女的模范，是专供奉于有功业者的；她们裸体出现于大会中、当作勇敢的代价而为战士取去；而这些少年英雄，遂同时受着爱情和光荣的双重陶醉：不管这个立场与我们现在的风俗有多少乖违和奇怪的地方，但它仍旧使得斯巴达人成为最道德和最骁勇的人，却是实在的，因为道德的力量常常是与人用以奖赏它的快乐程度成比例的。

现在，为要知道那给人以善者或恶者之名的是什么，就应该观察那在使每个人活动起来的各情欲中，必然有一个情欲来主要支配行为，而且在他的灵魂里战胜其他一切。

而人，随后者在其中指挥之或多或少的尊严并随它以其性质或环境之于国家有益或有害而更屡常地决定于善或恶的，遂得了善者或恶者的名号。我只添说一句，他的恶行或德行的力量常常是与他的情欲之活跃成比例的，而这些情欲的力量则以他觉得满足了它们所得的快乐程度为准则。这就是为什么在最初的少年时代，即最富于快乐之感和能够有强烈情欲的年岁，人通常能够做出最伟大的行为。

想对自己怎样矫饰，是枉然的；当你只由他人的不幸才能取得自己的幸福时，那你就必然成为人家的仇敌。存在于我们的利益和公众利益之间的翕合，就是幸事，通常由于尊重的愿欲而产生出来的翕合，对于人们提供一些柔和的感情，他们对于这种感情的钟爱就是报酬。凡要成为有德行的人而常有些待克服的僻性的，将必然是一个不公正的人。应该褒奖的德行，从来就是不可靠的德行。在实践中，可以说经常与情欲交战而没有多回的失败，简直是不可能的。

有德行的人，并不是牺牲他的快乐、他的习惯和他的最强烈的情欲于公众利益的人，因为那样的人是不可能的；但却是这样的一种人，其最强烈的情欲是与一般的利益如此融洽以致他对于德行几乎常常需要。所以，愈是接近于完善，愈是够得上有德行者的名称，这要决定我们去做一个不公正的或犯罪的行为，就需要最大的快乐的动机，一个最有力的、最能煽起我们愿欲之火焰，因而我们就不再有以为公正的情欲为前提的利益。

请看这就是以最明白、最确切、最符合于经验的样子，区别有德行的人和有恶行的人之所在。这是在这个平面上，社会上的人做了一个精确的量表，在其上指出每个市民的恶行或德行的各种度数。如果透入人心的深处，就可发现每个人对于他的德行所定的价格。达到这种认识的不可能性，强迫我们判断人只能以他们的行动为根据；这种判断，在有些特殊情形中是极端错误的，但归总来看却是十分合乎全体利益的，如果是在最正确时，差不多也是有用的。

进到专制制度，是容易的。人民对于坚固的暴虐政治给他预备的害处，是很少能够预见的。假设后来察觉到了，这也是在他们已被困于羁轭、一切部分都上了锁链，并且在无力自卫的状态之下，他所期待的只是战战兢兢于所用以惩治他的刑罚。

王侯们，因人民的弱点而肆无忌惮的，做了专制魔王。他们不知道他们自己在他们的头上悬就了斩杀他们的剑；他们不知道要废弃所有的法律并把一切归属于专断的政权，就永远需要诉诸力量，并且往往要使用兵士的剑。而这样的方法之惯常的运用，不是激起公民的反叛而鼓动他们做复仇的事，就是不知不觉地使他们习于除开力量外不承认其他的正义。

这个观念，长久地广布于人民之中；它深入于民众，并会深入于兵士。结果，兵士看出：在一国之内没有可抵抗他的任何东西存在；王侯为臣民所厌弃就不得不假兵士以一切权力；他的灵魂不由自主地趋于大胆妄为的计划；他要求改良他的环境。这时只要有一个胆大而勇敢的人以这种希望去诱惑他，允许他劫掠某些大都市。像这样的一个人，如全部历史所证实的一样，就足以揭竿革命了；革命常常很快就会接二连三；因为如孟德斯鸠所指出的那样，在专制国内，往往屠杀暴君而不扫除暴君制度。一旦兵士认识了他的力量，就再没有制服的可能了。对于这个问题，我可以引出罗马的一切皇帝，他们为想把国家从兵士的暴政下解放出来而在军队中恢复旧日的纪律，被雇佣兵（Prétoriens）所废了。

为了统治奴隶，专制者不得不将就那些永不可放心而又骄横的军队。当王侯在国内创立了一个强有力的官吏团体，事情就不会如此。人民受这些官吏的裁判，就有正义的和不正义的观念；兵士常从市民中抽调出来，在他的新的职业中保存着正义的观念。此外，他感觉到那由王侯和官吏所结成的市民的全体，在法律的旗帜之下，反对他所尝试的大胆的企图；而且不管是否值得，他终究要在数目上遭惨败。这样，他就同时被正义的观念和恐惧束缚，自然使其循规蹈矩了。

所以这些强有力的官吏团体，对于国王的安全是必需的。这是王侯和人民共同的挡箭牌，一个属于暴虐政治的残酷方面，另一个则属于叛乱的狂暴方面。

无论是谁，在维持王侯的权威这种借口之下，想使它一直达于独断的政权，这就同时是坏的父亲、坏的市民、坏的属下。所谓坏的父亲和坏的市民，因为他给他的祖国和后裔带上奴隶制度的链子；所谓坏的属下，是因为他把合法的权威变成独断的权威，这便是煽起野心与失望去反对国王。国王对于这样的谋略应该充耳弗闻，并且应该记着他们唯一的利益，我敢说就是经常维持其王国于有价值的地位，使他们与其后代均得享受它。这个真实的利益，只有明智的王侯才会听信。至于在其他方面，则君临一切的荣光、危机四伏之懒惰的利益，常常战胜一切其他的利益；而且整个政府，正如历史所证明的，则永远是倾向于专制制度的。

我首先把专制制度区分为两种。一种是突然用军队的力量将其建立在一个不耐于受它的痛苦的有德行的民族上。这个民族可以拿用力使其弯曲的橡树来比较，其弹力很快就要挣断那使它弯曲的绳子。希腊在这方面提供了数千的例证。

另外一种，则是由于时间、奢侈和柔懦造成的。建立了这种制度的民族，仍可以拿同样的橡树来比较，它逐渐地弯曲，不知不觉地失掉了再伸起来的必需的弹力，在这章里所说的就是这最后一种专制制度。

在服从于这种政体的人民，当局的人，不能够对正义有任何明白的观念；他们在这件事上面，是陷入于最深的愚昧之中。实际上一个魏西耳（Visir）① 能够构成什么正义的观念吗？他完全不晓得他是公众的福利之所在：然而，没有这个认识，他便会无向导而四处漂流；最初少年时所接受的正义和不正义的观念，不知不觉地黯淡下去，最后便至全然陨灭。

不过，人家会说，谁来给魏西耳们揭露这个认识呢？我要回答，在这些专制国内，市民决没有参与公众事务的机会；大家悲伤地看着那忽视祖国之不幸的人；苏丹（Sultan）的利益与其臣下的利益处于相反的地位；为王侯效力就是背叛了民族，在这样的专制国内，他们又怎样取得这个认识呢？要成为正义而有德的人，应当知道什么是王侯和臣下的义务；应当研究那联结社会所有成员于一起的互相的契约（或条款——译者）。正义并不是其他的东西，只是这些契约之最深的认识。要想达到这个认识，是应当思考的。而在被独断政权压服了的人民，哪个人敢于思考呢？懒惰、无益、不习惯，甚至思考的危险立刻就把他弄到毫无力气的境地。在禁锢了思维的国家，人们是很少用到思维的。若说人在其中之含默是由于有见识，在引诱人勤于思考，这是胡说

① 土耳其的各部大臣，大魏西耳就是宰相。——译者

八道；这倒是使人不再思考，而且从来高贵的和勇敢的观念，是不产生于被压迫在专制主义之下的头脑当中的。

在这些统治里面，驱使人行动的从来只有那宣告帝国的崩溃之昏聩行为和利己主义的精神。每个人都死死地把双眼盯在个人私利之上，从不转向于一般的利害。在这些国家内，人民没有任何公众福利的观念，亦没有任何市民的义务观念。从这同样的民族中挑选出的魏西耳上台之后，也决没有治理和裁判的任何原则；他们之企图高位，只是为了承奉王朝、为分享权势，并不是为做好事而来。

不过，即使假定他们的动机是好的愿欲，而要这样做就应当使自己明达：魏西耳必然地为宫廷的阴谋所左右，没有思虑的空闲。

此外，要想使自己明达，必须舍得忍受研究和思虑的劳苦：什么原因能使其做这些事呢？他们并不是为对监察的惧怕所激励的。

如果我们能够以小喻大，就拿文学界来说，假使我们从中废止评判员，人岂不感觉到免除了现在强迫一个作家小心并改良其才能之有裨益的检查恐惧，这个同样的作家所提供于公众的将只是些不精细和不完美的作品而不再有别的吗？看吧，这恰恰就是魏西耳所处的情形；正是因为这个理由，他们不肯注意于治理国家的事务，而且一般从不求教于明达的人物。

人家还可以说，如果魏西耳丝毫没有受教育的利益，那么，公众的利益或许就是魏西耳受教育的目的所在；一切国家无不愿好好地统治。为什么在这些国内并不见充分有德行的市民责备魏西耳的愚昧和不义，并以轻蔑的恐惧使他们不得不成为市民呢？

这就是因为专制制度的本性是在于使人的性灵趋于卑劣和轻贱。

在那唯一依法律以行赏罚和人只服从法律的国家，有德行的人，永有安全保障，能够得着灵魂的坚决和大胆。这种灵魂，在专制国内必然要衰弱下去；因为在那里，他的生命、财产和自由，均隶属于一个人的独断的意志和癖性，在这些国内，要做有德行者之无意义，正如在克里特人（Créte）和斯巴达人中不做有德行者是为狂悖一样。所以在这里也不会看见哪个起来反抗不正义。

在被专制主义压服的国内，公众的爱情、尊重和喝彩都成为罪恶，得着这些的人要受王侯的惩罚。

一个当奴隶的人，必然要把勇敢、大度、廉洁、轻生，最后对于凡是建立于祖国和自由极端的爱恋上的一切道德，尽都看成滑稽可笑的事。在波斯，人们应当把一切有德的臣下当作疯子、当作王侯之敌人看待：因为他受了希腊英雄主义的影响，激励同胞团结起来，想以一个敏捷的政治改良，将这道德被轻视的帝国转危为安。波斯人，怕显出自己的卑劣，必然觉得希腊人是可笑的。我们除了很活跃地使自己感动的感情而外，从不能受其他任何刺激。一个伟大的市民，凡属市民所在处处都是崇拜的对象的，在专制政府下面，只能被当作疯汉看待，从不能有别的。

蹩脚的政治家，因为不能占领广泛的时间，常常非常容易为当前的危险所动，当他们想到改正人民过分的德行时，习于把每个行动当作是与联合他们一切的关系独立去观察，他们所做的最屡常地只是把人民的成功和光荣所系的“帕拉斯女神像”（Palladium）夺了去。

这就是对于古昔的赞美应当代以现在的、为伟大的行为而保留着的赞美：而且这个赞美还只是一个虚伪的或偏见的赞美。一个明了的赞美必然地使我们做出仿效的动作。

然而，就在这些自谓酷爱光荣的人当中，谁会以胜利不全然归功于他的价值和他的智巧而以为耻呢？

我们尊敬价值，但不及在斯巴达那样尊敬：同样，我们不会遭受那为拿塞德摩尼人所感动的轻蔑的感情。

从我们为祖国而生发的某些爱情方面，并不会看见一位母亲在丧其一子于沙场以后还责备其败后生还的儿子。

如果，即使在欧洲，对于同样的行为和相似的德行只有没出息的赞美，不再有其他，那么，什么轻蔑为东方人民对于这同样的德行所不应有呢？谁能够使他们加以尊重呢？这些国家，布满着卑贱的和罪恶的灵魂。而一旦有德行的人，在一个民族之内，因数目太少而不足以纠正习俗，这个民族就必然地要充满卑劣腐化之徒的风气了。这些坏人，常以讥笑他们所不任受的感情为利，因使有德行者含默起来。那些有德行者，即那些不屈从于包围他们的人之呼声的人、有充分勇气以当其民族之轻蔑的人，并且充分清楚地感觉到那堕于卑劣到某种程度的民族之尊重乃是一个可耻而不足尊重的人，实是太少了。

汉尼拔（Hannibal）在安条克（Antiochus）朝廷所受的轻慢，就损坏了这个伟大人物的名誉吗？普鲁西亚斯（Prusius）把他卖给罗马人的卑鄙行为，便把这个著名的迦太基人的光荣消灭了吗？这在后辈的眼目里，它所损坏的名誉，只是交出他的国王、议事会和人民而已。

凡我所已说的，其结论就是在那些专制帝国之内，对于德行真正只有轻蔑，而对它的尊重只是一个名词。如果人们时常祈求它，如果要求市民要具有它，那么在这个场合，德行就如真理那样，是在充分聪明地隐藏它使其默不作声的要求。

一种为奴隶的人民怎样抵抗一个自由和强大的民族呢？为要无罪地使用独裁的政权，专制君主不得不使其臣下的精神和勇敢趋于麻木。使他称强于内的东西，就是使他致弱于外的东西：他驱逐自由，随之把一切德行也驱逐出帝国之外了；亚里士多德说，德行不住在被奴役的灵魂之内。如我们已经引过的孟德斯鸠，他说：要成为一个好奴隶，应当从成为一个坏公民开始。所以他不能抵抗一种人民的攻击，这种人民如罗马人，其中的议事会和将军们在政治和军事中的面貌都完全是焕然一新的，而他的精神则取之于这个同样勇气已为他所摧残和精神已为他所缩小的民族之中；因此他应当是被打败的。

不过，人们可以说，虽在专制国家之内，德行有时仍旧放出伟大的异彩么？是的，在王位继续地为许多伟大人物所居的时候，为暴君政治之到来所麻木了的德行，在有德行的王侯面前又重新活动起来。他的出现，可比作太阳的出现；当太阳的光线穿过而且散开了遮盖大地的黑云时，于是乎一切都重新活跃了，在自然当中，一切都得着生气，农夫在原野上劳作，丛林释放出清新的空气，空中的羽族直飞到橡树顶上歌唱太阳的重现。塔西佗在图拉真（Trajan）的统御下叫道：啊，幸福的时间！在其中人只服从法律，在其中人能够自由地思考并自由地说他之所思考的，在其中看见一切人心飞向王侯跟前，在其中唯有他的关注是一个恩泽。

然而这样的国家所放出的光辉常常是不长久的。如果有时它们达到权力和光荣的最高度，并且以各种成功著名于世，但是这些成功，如我就要论及的，系于治理这些国家的国王之贤智而非系于它们的政体，所以就常常像闪光一样的短暂，不能经久。如此国家的力量，不管怎样重要，只是空虚的力量罢了：这就等于尼布甲尼撒（Nabuchodonosor）的巨像，它的脚是泥土做的。这些帝国正如好看的松树，其梢插天，原野间和空中的动物都在它的影子下面找寻荫庇之所；可是，它插入地中的根子太弱了，暴风一到，立即颠覆。如果这些国家的四围不是少有雄图和被压服在独断政治下的民族，它们只能暂时地存在，于是这样的国家之交互的力量，在于它们的弱点的均衡。一个专制帝国也曾遭受过某种失败吗？如果，王位的巩固仅由于雄壮而勇敢的决定，那么这个帝国是要崩溃下去的。

所以凡困于独断政权之下的人民，只有暂时的成功，只有光荣的一闪。他们迟早不免要受一个自由的和有雄图的民族的束缚。但是，即使有些特别的环境和地位能够使它们摆脱这种危险，这些王国之不良的行政也足以摧毁它们，削减其人民，把它们变成荒凉之地。昏沉的睡魔，持续不断地握着他们的四肢要产生这种结果。专制制度的本性，就是窒息一切情欲。而一到灵魂以缺乏情欲而丧失其活动性时，当公民被那所谓奢侈、怠情、孱弱的“鸦片”所麻木时，国家于是就害着痨病了。它所享有之表面的安静，在明眼人看来，不过是死的衰亡之先兆。在一个国家内，应该有情欲；它们是国家的灵魂和生命。最富于情欲的民族，自始至终都是胜利的民族。

情欲的温和的沸腾是有利于帝国的。在这方面，它们可以拿大海来作比喻。停滞的海水，死气沉沉，蒸散着白色的蒸汽可以盖着世界，如果激荡海洋的暴风雨没有清洗作用，将给宇宙发散出不幸的蒸汽。

但是，如果压服在独断政权之下的民族，其伟大只是一时的伟大，那么权势，如在罗马和希腊一样，分配于人民、伟大人物或国王之间的政府，就不是这样的。在这些国家内，个人利益紧密地与公众利益相联结，把人变成公民了。这就是这些国家内的人民，其成功依存于政府本身的结构，可以允许它们有经久的本性。于是公民参加重要国事的必要，他所有思考一切和说一切的自由，都对于公民的灵魂给了最多的力量和提高。他的精神大胆走入他的心中；遂使他想出最广大、最雄壮的计划，实现最勇敢的行为。我还可以添说，如果私人的利益并不曾全然与公众的利益绝缘，如果一个民族，例如罗马人，其风俗也不是坏到马留斯和苏拉的时代那样，那么守卫的精神，迫着公民相互监察和互相压制的，是这些帝国之保守的精神。它们之得以维持，就靠以对抗着的利益作权衡。这些国家的基础，除了在外面动乱时候，是从来就没有保障的，它们那时表现出了即将倾覆的一面。这就如同当狂风在海面吹动，仿佛要把海颠覆，推入于无底深渊之时，海底也是宁静而平安的。

我放眼去看有德行的人最为丰饶的共和国，且止于希腊、罗马，我就在那里看见了众多的英雄。他们的伟大行动，为历史好好保留下来的，很像是为散布德行的芬芳于最败坏和最退化的世纪而收集起来似的。这些行动正如搁在神前的香炉中的香，足以使香气充满其宇宙中之广漠的空间。

在观察这些民族的历史所表现出来的道德行为之持续性中，若我愿意揭露其原因，那我便看出这些民族的立法家所用之巧妙，就在我们曾经把个人的利益联结于公众的利益。

一个民族的恶行和德行永远都是它的立法之必然的结果。

为何疑惑德行在一切民族，不是治理的贤哲之或大或小的结果呢?

在独断统治内，人即等于带上鼻钳的马，动也不动地受这残酷的做法的苦痛；自由的骏马，开步一鞭就奋蹄乱跳。而在这些国内，是用睡魔去求安宁。光荣的情欲，在这些国内无人认识，只有它在政治团体中才能供备甘美的发酵，使其康健和强壮，并且使一切种类的德行和才能得着发展。最宜于文学的世纪，因此之故，常常都是富于大军事家和大政治家的：同样的太阳，给柏树和槲树以生气。

此外，光荣的情欲，为偶像所神化了、曾受一切共和国的敬礼的，只有在贫穷的和好战的共和国中才大大地被尊崇。

德行的勇气，只保存于贫穷的民族之中。拿一切民族说来，斯基泰人也许是唯一的唱着圣歌以敬上帝而从不向上帝要求任何恩惠的人。他们说，相信勇敢的人是什么也不缺乏的。他们服从的首领有充分广大的权力，然而他们是独立的，因为他们在停止其服从法律时就停止对于首领的服从了。富裕的民族，不如希达人那样没有别的需要、只有光荣的需要。无论什么地方，只要商务繁盛，人们就重财富而轻光荣，因为这些财富是一切快乐的交换品，而财富的取得则较为容易。

然则，这种择选并不必然招致德行和才能的无用。光荣除了公众的承认，别无所得，因此光荣的获取常常是为祖国服务的代价：光荣的愿欲，常常以使自己有益于民族的愿欲为前提。

至于财富的愿欲则不然。它们有时可以说是兑换、卑鄙、侦探的代价，而且还往往是犯罪的代价，它们很少为最有心灵者和最有德行者所分润。所以财富的爱并不必然地兼带着德行的爱。所以商业国家，定然是好商人多于好公民，大银行家多于英雄。

因此，至高无上的德行之增长，并不在奢侈和富饶的土台上而在贫穷的土台上。在豪富的国家内没有什么比高尚的灵魂更为稀有的东西了；公民在那里缩小到只是需要；谁增多需要，谁便把他的卑污无耻当作抵押品交给暴戾政治了。德行最能知足，这是避免腐化贪污的唯一方法。

我并不是把贫乏当作德行的源泉。在一切民族，都应把伟大人物的产生归之褒扬和奖励的行政之贤明的程度。但这不是毫不费力就想象得到的，就是德行和才能，无论何处都不像在贫穷和好战的共和国内以那可夸耀的样子而被酬报的。

取得荣誉的愿欲，使人们能够尽最大的努力，他们因而做出非常的事业。罗马与希腊的贫穷的共和国，比东方一切广大而富饶的帝国产生了更多的伟大人物。

在豪富而压抑于专制制度之下的人民，轻视而且应该轻视荣誉的金钱。事实上，如果荣誉以他们被治理的方式接受其代价，如果在东方苏丹成为这些代价的分发者，那么，就觉得他们往往必因所赏赐者的选择不良而失其信用。所以，在这些国家内，荣誉不过干巴巴只是个头衔而已；它们不能活跃地煽动自尊心，因为它们很少与光荣相联，光荣既然不是别的东西而只是公众的感激之呼声，所以它就并不在王侯的安排之内，而是为人民所掌握的。可是，当荣誉已被弄得没有价值的时候，求得它们的愿欲也就冷淡下去；并且光荣在国内成为无力气的弹簧，在位的人也有理不使用了。

荣誉一旦没有价值，所持以酬报有功于国家的人便只有金钱。而一切只用金钱来偿付的民族，必然很快地苦于费用之过重的负担。窘迫的国家立刻就不可救药。于是对于德行和才能便不再酬答了。

枉然地说，为需要弄明了的王侯，在这一端不免要求助于荣誉的金钱。如果在贫穷但整个民族一同为恩典的分发者的共和国内，要提高荣誉的价值是容易的事，那么要在一个专制国内把它们变成有价值的东西，就是再可笑也没有的了。

对这个荣誉用金钱来执行，在愿其流行的人，不以什么公平为前提吗？要用什么性质的力量来抵抗廷臣贵侍的阴谋呢？要用一种什么鉴别力才只把荣誉加诸大才、大贤而经常地拒绝给予那些足以使它失其价值的平凡之辈呢？需要一种什么精神的准确性去防止这些荣誉的含金量降低而使公民不再努力，因此必须创造新的恰当的时机呢？

这在荣誉并不与财富的情形一样。如果公众的利益禁止金银货币的改铸，那么反之当荣誉只归于人们的意见而失其价值时，就当要求荣誉的货币之改铸。

我将指明，对于这个问题，不用惊奇他们不尊重大多数民族的行为，他们委托许多人去管理他们的财务，然而不曾任命任何人去监视对荣誉的管理。有什么比对于被抬高到高贵地位上去的人的功绩之严格的讨论更为有用的？为什么每个国家设有一个法庭，以深刻的和公开的检察，保证其所奖赏的才能之合于真实呢？这样一个检察，不可使荣誉有什么价格吗！什么愿欲是相称于它们的呢？这个愿欲在个人的教育里，并逐渐地在公众的教育里，不会引起什么可庆幸的变化么？这种变化，也许就是我们所指出的民族之间的一切差异所依属的变化。

在已证明大的报酬造成大的德行和荣誉之贤明的管理是立法家能够用以联结个人利益与公众利益而形成有德行的公民之最有力的纽带以后，在我想来，我是很正当地由此得出结论说某种人民对德行之爱慕或冷淡就是他们的政体不同的结果。而凡我对于德行的情欲所说，为我所举以为例的，都能够应用于其他一切种类的情欲，所以各种民族似乎可以感受的情欲之不同等的程度并不能归因于自然。

情欲的活跃力，或者依属于立法家用以点燃我们的情欲之火所使用的方法，也许依属于财富所给我们的地位。我们的情欲愈是生动，它们所产生的结果就愈是伟大。所以，如全部历史所证明的一样，成功常常是伴随着那为强烈的情欲所冲动的人民的；这是极少被认识的真理，且对于它的盲昧是与启导情欲之技术所成就的进步相背离的；这种技术直到现在还是无人知道，并且就是那些有名的政治家，把一国的利益和力量计算得充分完善的，也都不知道；他们从不感觉这些特异的源泉，如果知道了点燃情欲之火的技术，在危急时，便可以抽取出情欲来。

这个技术的原则，与几何学上的原则是一样地确实，实际上，直到如今，还似乎只有军事上和政治上的伟大人物才察觉到过。由我所观察的看来，如果那些兵士被鼓励以道德和勇敢，那情欲，不是缘自他们在战争中的收获与他们的职级相比更少，一个启发它们的待遇，对于将军的训令其有用程度并不比名骑士佛拉尔（Chevalier Folard）在战术上之高明的待遇为小。

这是结合了对自由的爱慕和对奴隶制度仇视的情欲，好比工程师的灵巧还有加地造成了阿比多斯、萨贡托、迦太基、吕曼斯和洛第斯之有名的和顽强的抵抗。

亚历山大之所以几乎优越于其他一切的伟大将领，就在于煽起情欲的技术上。那些有所成就，好多次被呼为有道理的人，因为看不出这个英雄用以进行如其多的壮举之几乎不可见的契机，遂归之于偶然，或者一个疯狂的冒险，但其实也是这个同样的技术使然。

没有别的地方像埃塞俄比亚（Abyssinie）人那样用细心和技术以坚固王侯意志之盲目的和热情的信心。专为这种用途的牺牲者，随便哪里也不像他们已受过和将有的一种教育，非常适于造成一些过度的信心。他们还在最幼弱的年龄，就被携带到一个与世隔绝的、土耳其禁宫所在之与世隔离的荒芜而野蛮的地方。在那儿，人迷失其理智于宗教信仰的黑暗中，给他们宣传祷告、穆罕默德的戒律、预言者所施的奇迹，以及对于哈里发的命令之整个的忠诚在那儿，给他们叙述天堂最逸乐的景象，煽起他们对于天上快乐之最热烈的渴慕，在他们刚刚达到放浪形体的年龄、自然以热烈的愿欲标明其有享受最活泼的快乐的难耐和强力的年龄，于是为加强一个青年人的信仰和点起最猛烈的迷信之火焰起见，祭司们，在他的饮料内放下一些催眠的液汁以后，当他睡眠时把他从那可怜的住处搬到一个专为这种用途而设备的适意的小森林内去。

在那里，有人使他昏睡在花上，周围涌着喷泉。他一直睡到黎明，晨光照出了果物的形状和颜色，唤醒了自然之一切生产的能力，使青年的血管中流动着爱情。青年人被四周的新东西所刺激，目光所及，逐处注意，而停止于令人陶醉的妇人上面，这妇人在那轻信的想象里变成了仙女。她是受祭司的欺诈而为其囚犯的，受过诱惑术的训练。他看见她们跳着舞向他前来；她们则以他的惊异为奇观；她们以千百般的稚气的玩意，煽动他心中莫可言喻的欲望；以假饰贞洁的轻浮对那因之而激发了的急切的欲望；最后她们便接受了他的爱情。于是她们便用陶醉的抚爱代替那些稚气的玩意，使他沉浸在灵魂刚能耐受肉感之乐的心销魂乡之中。在沉醉之后，接着以安静而充满肉欲的感情，不久又迎来一些新的快乐。一直到后来，愿欲业已尽偿了，这个青年遂被这些妇人安置在一个盛大的筵席上面，又将他迷醉了，在他的睡梦中仍然将他搬回他最初的住所。醒来时，他寻找他曾经享受快乐的东西：它们好像欺人的幻梦，在他的眼前都不见了。他还要呼唤那使其疲乏的梦。听了这个叙述，阿訇便俯伏在地喊道："啊，真主啊！我的孩子！无疑这是我们的圣先知引你到天堂去了，使你享受那专为忠实信徒留下的快乐以坚固你的信心与勇气。所以必须对于哈里发的命令绝对地忠实，以求值得这样的恩宠。"

这些穆斯林的宗教之激励他们最坚固的信心，就是用与这个相似的教育。我敢说它们就这样地使那些人恨生而爱死，使他们把鬼门关当作天上快乐之进口看待，并且给他们启示这种决定的勇气，这种勇气在有些时候，曾经惊动过全世界。

我们假设法国有一千六百万人，在精神上具有极大的天资：假设在政府方面，有强烈的意愿要把这些天资生出价值来；如果，像经验所证实的那样，适于发展我们天资的书籍、人物，以及互助，只能在富豪的都市才能得到，那么，因而就应该找寻而且可以找到各种科学和艺术中的高等人物于八十万生存着而且长期生存的巴黎人中了。然而，从这八十万人中，如果首先减去一半，即是说减去那些为生活与教育阻止其在科学和艺术上所能做出进步的妇女；剩下的还要减去儿童、老人、工匠、粗力、仆役，教士、兵士、商人，以及一切由于职业、势位、财富而迫于义务，或耽于快乐，以耗去他们一部分光阴的人，最后如果我们考察这些从幼年起便被置于平庸的状态中，所感觉的痛苦不外乎未能轻减其不幸的人们中的小数；除此外能够毫不踌躇地把整个精神用于研究和思考上的人，确实的这个数目不能超过六千；而在这六千之中，那为这种愿欲所炽热，直到适于产生伟大思想之热度的人，若教育自己的志愿能够联结于改善其才能之必需的恒心和毅力，并且这两种品格之联合几乎常常被那太易出现的虚荣心所打断，而他竟能联合起来，这样的人，在那中间，可以数出的怕不及百人。最后这种人，在最初的青年时代就常常专心致志于同样性质的研究、常常对于爱和野心漠然无睹，就是或者在变化多端的研究中，或者在快乐中，或者在阴谋中，都不曾失掉时间，即遭受对于任何在科学和艺术上希望达到卓绝地步的人都害怕无可补救之损失的时间，这种人在那当中可数的不过五十而已。然后，这五十个人，再分划于各色各种的研究，那么每一种可以得着的不过一两个人，如果我把那些不曾读过著作，与那最适于启迪他们生活的人除去，而且在已经缩减的人当中还把以死亡、财产之倾败或其他类似的遭遇而停止其进步的人减去，我就要说在我们现有的政体下，为造成伟大人物所绝对必需借助的环境，其大多数恰恰与伟大人物之增多相反；所以天才不可避免地如此稀少了。

勇敢在动物中，只是他们需要之产物。需要一被满足，他们就成为怯懦者。饥饿的狮子扑人，而吃饱了的狮子则尾随于人。动物的饥饿一旦满足，则一切生物保存自己的爱，就使其与危险远离。所以在动物中，勇敢就是需要的结果。如果我们把胆怯者的名号加诸畜养着的动物，这便是因为它们并不迫于为食物而战斗，这就是因为它们没有冒危险的任何理由。只要他们有需要，他们便须有勇敢；交尾时期的牡鹿，比一个贪嘴的兽还要凶猛些。

请把我对于动物所说的应用到人类上去。死亡通常伴随痛苦，而生活总与快乐相依偎。所以人是由于对痛苦的恐惧和快乐的爱恋而与生活相连的。生活愈是幸福，人们就愈怕丧失了它；凡袭丰厚财产的人在临死时所感受的恐怖，就是由这里生出来的。反之，生活越发不幸，离开了它也就越发不觉得可悲。因此，农民就用这种无感觉的态度等待着死。

然而如果我们的存在之爱是建筑在对痛苦的恐惧和快乐的爱恋上面，那么，想成为幸福者的愿欲在我们就比生存的愿欲还强大而有力。为要得着幸福所关的目的物，每一个人都犯了些或大或小的冒险，但这是以取得该物的愿欲之强烈程度为正比的。要想绝对没有勇气，必需绝对没有愿欲。

然则，为什么在著作家中，优秀的历史学家是很稀有的呢？这就是因为要想在这种事业上取得名声，不只需要一个特宜于形成伟大人物的环境之幸运的协助，而且还要在一个国家中能够许可道德的实践和真理的言论。可是，专制主义却与之相反。如果所有的势力在这方面不是由某些成见、某些固执或某些特别的设立连成一气，则封闭历史学家的口，使他没有言论自由。

我对于历史所要谈到的，只是雄辩的问题。如果意大利有那样多的演说家，这不是如学院某些自命学者的书呆子所主张，说是由于罗马的土地比里斯本及君士坦丁堡特别宜于产生伟大的演说家。罗马在同时也丧失其雄辩和自由，然而在土地上却不曾有任何意外到来，在诸皇帝之下，变更罗马的气候。那么其时罗马人里面所有的演说家之缺乏，其原因如果不属于伦理，即使属于政体变化，又当属于什么呢？谁会疑惑专制主义在强迫演说家以细微的题目作练习中，已经汲干了雄辩的泉源呢？它的力最主要地在于所论究的命题之伟大。假定写图拉真（Trajan）的颂词与作加第里拿（Catilinaires）的演说词需要同等的精神。在这个假定之内，我可以说，由于题目的选择，布林尼（Pline）会远不如西塞罗（Cicéron）。后者是要把罗马人从加第里拿所欲惊醒他们的睡梦中唤起来，他要在罗马人心中激起仇恨和报复的情欲：像这样对于世界之主人感兴趣的命题，怎能不把雄辩的优胜让给西塞罗呢？

如我们考察希腊人、罗马人，以及一切欧罗巴人，对于东方人民常有之野蛮和愚蠢的责难所指的是什么，就将看出这些民族永只把精神这个名字给那些有用于他们思想的集合。专制主义，几乎在全亚细亚，都禁止伦理学、形而上学、法律学、政治学，最后凡于人类有利益的一切科学之研究。因此，东方人就不得不被欧洲开明的人民当作野蛮、愚蠢看待，并且永远变成自由民族和后辈所轻蔑的东西。

希腊的物质地位，常常都是一样，为什么今日的希腊人，与往日的希腊人有这样的不同？这就是由于他们的政体已经变了；这就是由于民族的性质能够变成一切种类的形态，好似水之依盛它的器皿而定其形态一样，这就是由于一切国家内，是政府的天才造出民族的天才。然则在共和形式之下，哪个地方比起希腊应当出产更多的将领、政治家和英雄呢？除开政治家不谈，一个非常尊重哲学的国家又有什么哲学家不应产生呢？

为什么平凡的人，几乎总是对于凡属著名人物的非常的举止都加以菲薄呢？这是由于天才并不是自然的禀赋：一个生活大致与其他人相似的人，也只能有一个大致与他相类的精神；这就是因为在一个人，天才以勤勉好学和专心致志的生活为前提，如此与普通生活不同的生活，自然常常觉得是可笑的了。为什么有人说精神在这个世纪较在前一世纪更普遍些呢？为什么天才是更稀少呢？为什么如像毕达哥拉斯（Pythagore）所说看见许多人拿着酒神之杖，而很少人为执杖之神的精神所刺动呢？这就是因为文学中人，被需要把他们从研究室拉出的回数太为频繁，不得不投身于人世：他们在那里散布光明，在那里形成富有思想的人物；但他们必然地要在那里丧失其在孤独和沉思中，用以给予他们的天才以最大之扩张的光阴。文学中人正像一个物体，迅速地被推动于其他诸物体间，在与它们相撞击中，遂丧失了它传达给它们的力量。

对于一切种类的精神现象给我们以解释的就是道德的原因。它们教我们知道精神如果不是由情欲使其运动，就会停止且没有行动，正与那包藏在火药中的火，在没有任何火星子去展开它时即停止而无动作是一样的；往往使一个蠢汉变成有思想的人的，就是情欲，我们应该把一切都属于教育。

如果，像有些人所主张，譬如说天才是自然的禀赋；在那些任有某些职务的人当中，或者在那些产生于或长期生活于外省的人当中，为什么没有一个是长于艺术如像诗词、音乐、绘画之类呢？为什么天才的禀赋，在任某些职务的人中，不能补偿那为某些地位的练习所需之某些时间的损失；在外省的人中，不能维持那只在首都才遇着之受教育人的小小数目呢？为什么伟大的人物，只有在他那种长期用功的事业上才能恰好说是天才呢？大家岂不觉得，如果这个人在它种性质上不曾保有一样的优越性，这就是天才中人在他所不曾作其深思默想之对象的技术中，除开专一的习惯和研究的方法外，没有别的超出其他人上的益处吗？最后，由于什么理由，在伟大人物之间，伟大的阁臣是最稀少的呢？这是由于那形成一个伟大的天才所绝对必须凭借的环境有种种，而升此天才的人到阁臣地位之适宜的种种环境，又必须联合其助力。而这两种环境助力之联合，在一切民众中极其稀少，在单靠劳绩决不能升腾到第一等地位的国家内，则几乎是不可能的。

因此天才的人只是他所处的环境的产物。所以一切教育的技术，也在于把青年人放入一个适于发展其精神和德行的萌芽之环境的助力中。反乎人情之爱，并不曾引我达到这个结论；但这只是人的幸福之唯一的需要。我已感觉到一个良好的教育在社会内所散布的光明、德行、幸福是什么；并且，天才和德行是自然之纯粹的禀赋这种信念，是多少与科学和教育之进步相反而在这方面只便宜了懒惰和疏忽。自然和教育，只有在这个观点之下才能够考核其对于我们的作用，我深知我们成为什么人都是教育的作用使然。因此，我相信宣布一个适于唤起改善这个教育的方法之注意的真理，正是公民的天职。

# 第四讲　给予精神的各种名称

无论偶然因素扮演着什么角色，无论它对于伟大人物的名誉的贡献有多大，然而除了效劳于那些为光荣的强盛的愿欲所激发的人们之外它是什么也不能做的。

这个愿欲，正如我已经谈过的，能够使人毫无困难地承受研究和深思的辛苦。它把这种必需的注意之恒心赋予一个人，使其在任意艺术或科学之中成名起来。凡天才的大胆，敢于在理性的法庭之前诉出时代所崇奉的意见、偏见以及错误，都该归功于这个愿欲。

在科学或别的学术领域里使我们达到新的真理，或给我们提供新的乐趣的，只是这个唯一的愿欲。因而这个愿欲就是天才家的灵魂：它是他的失败和成功的根源；所谓成功通常只是归功于坚强的意志，即他用以集中全力在唯一种类之上的意志。一门科学足够满足一个灵魂的能力了。所以，没有也不可能有普遍万能的天才。

在一种事业之内要想成为优越的人物所必需的长久的研究，与生命的短促相较，给我们证明了要在多种事业内超群出众之不可能。

此外，只有一种年纪，即情欲的年纪，人才能够把那禁止接近每一科学的最初的困难忍受下去。这个年纪过去，还能够以更多的巧妙使用其时常所用的工具，来更好地发展其思想，使它们大显于世；可是，再不可能有必需的精力去开拓一个新的地盘了。

无论哪一类的天才，总常常是无限的配合之产物，这是只有在青年时期才办得到的。

具有天赋的人，有一部分是偶然的结果；凡经常地活动，准备着发现，不知不觉地接近于真理的是偶然；但这些真理，在其彼此远离、不成系统的时候，常常都是没有用处的，而在确切的时候，即真理各部分已经接近能给天才的人以一般的和光明的原理时，真理便通过天才的人降生出来：天才家遂把握着它们，将它们展现出来，艺术或科学领域之某些部分便为它们所照耀而显出光明。所以，偶然对于天才算是尽着这种风的职务，即负载些构成气象之易燃烧的材料向四面八方飞散：这些材料，在天空中渺茫地被推动着，并没有产生任何结果，一直到相反的风吹动的时候，迅速地使它们彼此相撞，它们遂互相冲突在一点之上；于是电光迸发，射出光辉，大地为之明亮。

情感是诗的灵魂，尤其是哀情诗的灵魂。在指出用以辨认这一种属的大绘画家和富于感情的人的标记之前，就能看出如果自己本身不能够容受这样的情欲和感情，那就万万不能把它们描写得好。人们会把一个英雄安置于一个特别适于发展其一切情欲活动的地位吗？要成就一幅逼真的图画，必须被他在人们身上描写其结果的同一感情所感动，而且在自己身上找得出它的模样。如果你没有动于情欲，那么，你便从不能抓着那感情所达到并为它所永不能越过的确切之点：你便常常是在一个强烈的天性之这边或那边，而不能恰如其分。

此外，要得到这一种类的成功，只是能够一般地感受热情是不够的，而且还要为自己所描绘的情欲所驱动。一种感情并不能使我们揣测到另一种感情。凡只有很微弱的感觉，都常是做不好的。高乃依以其情性之高尚胜过温柔，所以长于描写大政治家和英雄，而不长于描写情人。

在这种性质上，成名之所系的，主要属于绘画的真实。然而我知道地位的尊贵，光辉的格言和美丽的诗句，每每在戏剧中得到最大的成功；但是不管这些成功以什么成绩为前提，这个成绩，在悲剧里面，却只不过是一个次要的成绩罢了。

有赖沉思和偶忆（无意识的回想——译者）的力量，富有思想的人差不多都能猜到一个情人在某种情况之中应当怎样做或怎样说；如果我能如此解释的话，他能够用“思想到的感情”（Sentiment pensé）去替代“感觉到的感情”（Sentiment senti）：在一个绘画家，凭借人家给他的关于一个妇人的美的谈述和他随即构成的想象而由此画出她的肖像时，便是如此的情形；他也许能画出一张美丽的图画，但决画不出一张酷肖的图画来。精神从不能猜到感情的表辞。

对于一位老年人，再没有比两个情人的谈话更为没趣的东西了，钝于感觉而富于心思，就是老年人的情形；感情之单纯的表辞，在他似乎是呆板无味；他不管怎样，总想用些巧妙的方法把它提高起来，这总常常在他心中显露出感情的缺乏。

精神只不外是观念及新的配合之组成品。如果对于一种东西，把一切可能的配合都做了，那就再也不能于此有所发明，也就不能有精神了；人可以是这类的学者，但并不是智慧的人，所以显然的，如果再没有任何种类的发现可做，那么一切都会成为科学，精神也就成为不可能；人们的研究便会直接来到事物之原则的地位了。一旦到达一般的和单纯的原则，使我们升到这种境地的事实的科学，将只是无关紧要的一种科学，而包含着这些事实的一切图书也就会变成无用之物了。于是，我们从一切政治的和法律的材料，即是说从一切历史之中抽出来的少数的原理，特适宜于维持人与人之间的可能的平等的原理，总有一天会使优良的政体形式降生出来。物理学和一般地说来所有的一切科学，都是一样的。因此，人类的精神，被四散在无穷的各种工程之内的精神，将由一个巧妙的手腕把它集中在一原理的小册子里面；这差不多好像掩盖着广大平原的百花精髓，可由化学的技术很容易地集中于一瓶香水之内。

人类的精神，真实地说，无论何种性质，都与我所想象的限度离得很远。我心甘情愿地承认我们并不会很快就走到仅只能做博学者的那种悲惨的必然，并且仰仗人类的愚昧，尚有很长的时间可以允许我们拥有精神的。

所谓精致的观念（Idéo fine），就是由一般的观念精细地被减除过的结果。

因而，所谓精致观念，就是一个逃脱了大多数读者明察的一种观念。当作者缺乏使人领悟其所提供的观念之必需的中间观念时，它便逃脱了那些读者。

这就正如丰特奈尔先生常常反复说过："如果强迫那些传教的人相爱，这差不多就是毁灭了一切的宗教。"一个富有思想的人，能随便地补足那被包含于这句话中联结两个命题的中间思想。但富有思想的人却是太少了。

人们还可以把精致的观念这个名称给予那些用一种模糊、暧昧及颇费探索的手段传达出来的思想，这里是把"精致"一字通常拿去与解释观念的方法相连的居多，而很少是与观念的类别相连的。在大主教吕布瓦先生（Le cadinal Dubois）的颂词里面，当说到他对于奥尔良公爵的教育所用的苦心，丰特奈尔先生说这位高僧天天努力用功使自己成为无用的东西。这观念的精细，全在于遣词的隐讳。

一个著作家所写的无非是要使人家了解。因此，凡是与明晰相反的，在文体上都算是一个缺点；一切精致的说明方法因而就是丑恶的东西。因此，他对于思想以一个单纯而且自然的手腕和词句去传出，比起使这思想成为精致的而能够最容易地逃脱读者的锐感，还要多多地注意。

现在且把我们的注意力移至那用有力的（fort）这个形容词所表示的精神种类吧。

一个有力的观念，就是一个发生趣味的而且是特别能使我们产出一种生动的印象的观念。这种印象可以是这观念之自身的结果，或是解说它的方法之结果。

光明的精神，不过是这样一种才干，它能使思想互相接近，把既知的观念联系于不十分知道的观念，而且以恰当而显明的词句把这些观念叙述出来。

这种精神不过是一种才干，一种明白地传播其观念于他人的方法。

为要取得这个称号，应当赐予光明于一个极端有趣的种属，或者把这光明散布于几多相异的题目之上。所谓光明，几乎常常都是以一个认识的某种广泛为前提。这种精神，以此理由，必且欺哄明见的人物，而在谈话之中，必得使它胜过天才。在对各种科学和艺术都负盛名的人物的这种集会之中，便产生这些光明的精神之一：如果他向诗人谈绘画，向画家谈哲学，向哲学家谈雕刻，比较这些名人于相互之间自行展开这些观念，还能更确切地叙述其主张，而且更明晰地展开其意见；如此，他就会取得他们的尊重。不然，以此同一的人，去拙劣地向画家谈绘画，向诗人谈诗，向哲学家谈哲学，那么在他们看来，再也不是一个纯粹的精神，而是有限的精神，且只是一种好在大庭广众吹牛的人。光明的与广泛的精神，能够被天才思虑只有在这种情形里面：这即是说当某些科学是已经很深入了，而且能看见它们彼此之间所有的关系，这类的精神，就给它们唤起了共通的，因而最一般的原则。

凡我已经说过的，是于明察的精神和光明的与广泛的精神之间建立一个显然可见的差别：后者在无穷的事物上给以很迅速的一瞥；前者则反之，而与很少的事物相联结；但它们是要深究那些事物的；它们是从深度方面去经过空间，而广泛的精神则只从表面上跑过。被我联结于明察（pénétrant）这个词的观念是与其词源学相吻合的。这种精神的特质，就在于进入一个命题：在这命题之内，它如果已达到某种深度了，那么它就脱离明察（pénétrant）这个称呼而被叫作深刻了。

深刻的精神，或科学的天才，依照佛尔墨先生（M.Formey）

的说法，不过是一种技术，把那些已经由其他观念区别出来的观念弄得更加简单更加明白，直到使人们在这方面达到可能的终极的解决。佛尔墨先生还说，谁能知道每个人把这个分析做到什么程度，谁便具有刻着一切精神之深度的测量尺。

由于这个观念，结果是：短短的生命过程，决不容许人类同时深入于多数的事物；人们广泛的精神之少，其程度与深入而明察的精神之多相若，普遍的精神是决没有的。

关于明察的精神，我观察出社会大众只同意把这个称呼交给那些在其所研究的科学之中已经是相当熟练的有名的人，这就例如道德、政治、形而上学等等科学。绘画与几何亦在此列吗？在很有才干的人的眼目中看来，人们只是在这种艺术或这种科学之内是明察的。大众太愚昧，不能在这种种事物方面，对于一个人的明察的精神作一种估计，其判断他的作品，决不对于他的精神应用“明察”这个形容词；他们要等待有些困难问题解决之后，或者在美妙绝伦的图画已经成功之后，才赞颂这个人够得上大几何学家或大画家的称号。

对于我已经说过的话，只再添说一句。这就是敏捷性及明察是同一性质的两种精神，当人们在长久的探究之后，在很熟悉地把叙谈中最公开讨论的对象送给精神之后，便抓着它们而且急忙进入它们，人们似乎是赋有一种大大的敏捷性，而在精神的明察作用及敏捷性之间的唯一区别，在于后一种是以思维之最多的灵敏精神为前提，也就是以在那些用以证实敏捷性的问题之最多的新颖为前提。在一种事物之内，如有最多的敏捷性，便能最深入新颖地去研究这种事物。

现在，我们且进而讨论趣味（Gout）的问题吧：这算是本章提出检讨的最后一个对象。

趣味，由最广义的解释说来，就是关于作品够得上一切人尊重的东西之认识。在艺术与科学之间，有些东西，一般大众只对它们采取有教养的人的情感，他们自己并不提出任何判断；这就像几何学、机械学及物理学与绘画之某些部分。在这种艺术和科学之内，唯有有趣味的人是有教养的人；而趣味，在这种种方面，只不过是真正的美的认识而已。

但在群众是其裁判者或他们自以为是其裁判者的作品中，事情就不是这样的了：例如诗歌、小说、悲剧、伦理或政治的演说等等。在这种种方面，我们断不能把趣味这个词，这样理解而谓那就是宜于刺激一切时代、一切国家的人民的美的正确的认识，但这只是对于取悦于一个特定的国民的东西之最特别的认识。要达到这种认识，可以有两种方法，因之，就有两种趣味。第一种，我称它为习惯的趣味：例如大部分的喜剧家的趣味，专宜于取悦大众的观念和感情之日常的研究，使得他们成为戏剧的作品尤其是类于已有幕剧的东西之很好的裁判者。第二种就是理智的趣味：它是建立于人道的及对时代精神的深刻认识之上的。判断原初的作品这种任务，是特别属于赋有这后一种趣味的人。谁只要缺乏比较的对象，谁便仅有习惯的趣味，便是缺乏趣味。但这理智的趣味，无疑是优于我所说的习惯的趣味，正如我曾经说过的，它是只有长期研究大众的兴趣，研究人们用以企图有趣味的人这个称号的艺术或科学，才能够获得。所以，把我对于精神已经说过的话拿来应用于趣味方面，就能从此结论说没有普遍的趣味存在。

对于趣味这个命题剩下来的唯一观察，就是有名的人在其已有很多成功的诸方面不一定常常都是最优良的判断者。人家会对我说道，什么是这种文学现象的原因呢？我可以回答，这是因为大著作家与大绘画家一样，他们各人有各人的方式。例如克雷比永先生（M.de Crébillon）每每用他所特有的力气、热烈和沉毅去叙说他的观念；丰特奈尔先生表示其观念时，又用特属于他个人的一种秩序、一种明晰和一种手腕，而伏尔泰则利用一种意象、一种高贵的和无间的辩才。

然而，每个有名的人，由其趣味的必然性把自己的方式看成最优越的，因而，对于把握这方式的平凡的人比对那自成一家的天才者，就不得不更为重视。有名的著作家与大众对于同一作品，常常给以不同的判断，其原因就在于此。所谓大众，是不尊重摹仿者的，只愿意一个作家就是他自己而不是别人。

这样，在一种属之内改善其趣味的有思想的人，在这同一种属之内，并不曾构成亦不曾采用什么方式，他大概比最大的著作者具有更为确定的趣味。没有任何利益足以使其发生幻想，足以阻止他把自己放在一般的人用以估计和判断一个作品那样的观点之下。

此外，在夸张才能的人当中，有些是哲学之秘密的敌人，流行着浅薄者的意见以反抗哲学。他们容易为渺小的可笑的虚荣心所欺，而在这方面，他们犯了庸俗的错误：他们对于思想的正确、力量、深刻，以及新颖，毫不尊重，似乎忘却了说得好的技术，正就必然地以有些可以说的东西作为前提。所以，有才思的著作家，像玉工一样，如果他没有钻石去镶嵌，则他的才能就变成无益的东西了。

博学者及哲学家则不然，他们用全副精力去从事于事实或观念的搜讨，每每昧于描写技术之美观和困难。他们因之不大重视才华；他们对这种才华之不公平的轻视，主要的是基于对这种观念之大大地漠视之上的。他们几乎全都多少与这个几何学家相像，人家在他面前，对《伊菲惹尼》(*Iphignie*) 悲剧大加赞扬。这个赞扬，刺激他的好奇心，他便要求看这剧本，人家便借给他，他读了几幕，在还书的时候说道：在我，我实在不懂得人们在这个作品内发现什么美丽的东西，它并没证明什么。

现代社会对于哲学的趣味，使哲学领域充满了辩论者，这些辩论者，是赘疣的、平凡的及使人厌倦的，但于他们的判断的深刻处却是满口的称颂。在这些论辩者当中，有些人把趣味解释得很拙劣；他们怀疑趣味，他们知道人们都是言辞的华丽和明晰之裁判者，并且在这方面欺骗大众是不可能的。他们于是本着虚荣心的利益而不得不放弃才华这种头衔而去选取善良的精神的称号。为何他们不会甘心选择这后一种头衔呢？他们曾经承认说善良的精神每每是以一个暧昧的方法表示出来的：他们遂觉得，把期望限制在善良的精神的称号之上，他们便可以常常把他们推理之无能委诸他们的解释暧昧上面；这就是逃避愚笨的证据之唯一的和可靠的方法：显然他们把握了这个方法，尽可能地使自己隐蔽着；才华的缺陷，就是他们对于善良精神的唯一权利，而且写得很坏并不是想得很好的一个证明。

这种人，尽管他每每有钱有势，他们的判断如果不为某些哲学家所拥护，则其对于大众便没有任何印象可言。这些人与那夸张才能的人一样，渴望得着独享的尊敬，不觉得每一相异的东西，都有其特别的赞美者；人们到处都发现有好多的桂冠，便找出好多可以加冠的头；世界上绝没有一个民族，在其天赋上不曾具有尊敬的资源尽可满足有名人物之一切企图的，并且最后人们启发着才华精神的厌弃，武装了些这浅见者的轻视以反抗一切伟大的著作家。这些乐于轻视精神的人，在再也不是他们所能认识的夸张才能的名称之下，一样地包含着博学者、哲学家以及能够思维的一切人。

社会中特出的人及夸张才华的人，彼此都是以华美和纯洁表现自己；两种人通常都是说得比想得更易感动的；但他们不说，亦不应说那同样的事情，因他们彼此各有其所论及的相异的对象，夸张才能的人，贪图大众的尊敬，应当在眼前摆着些伟大的图案，或者提出有关于人类，至少有关于其民族的观念。至于社会上特出的人则相反，他满足于有礼貌的人之赞赏，其所提供的观念只是一些可以取悦于所谓善良社会的人们而已。

在第二讲内，我已说过：我们在世界上只能谈及一些事物或一些人。上流社会通常是教育不大充分的；它只留意于某些人；颂扬这东西，对于凡是目的不在于此的人，都是惹人生厌的，是使旁听者打呵欠的。这样，在社交中，人们只讲求：狡猾地翻译人家的行为，去把握着他们的缺点，去讥笑他们，把最庄严的事物转化成玩笑去耻笑一切，最后，便对那凡是与上流社会观念相反的一切观念都加以嘲笑。对话的才气，由是还原为恣意谤讪的能力。尤其在现今这个世纪，每个人都自以为有才气，而且这样的自信有很多；在本世纪，褒奖一个人的卓越处，未有不伤及一切人的夸大性的才气；在本世纪，人们可以适当地把民族分成两个阶级：一个是畜牲的阶级，这是数目极大的；另一个是疯人的阶级，这就包含凡是我们不能谓其无才的一切人。此外，诽谤在现时已是人们用以造成自己的及社会的颂词之唯一的资源。每个人都愿赞颂自己：不管是责备或赞成，不管是说出或含默，这总常常是人家所做的他的申诉状。每个人都是演说家，以其演说与行动，无止境地背诵着他的颂扬之词。自颂之法有两个：一个是说自己所有的好处；另一个是说他人的坏处。西塞罗派，贺拉斯派，以及一般古代的人，在他们的自负中是最爽直的，他们却公然地自己做了他们自信以为是够得上的颂扬之词。在我们的世纪，于此事上，已演变得精致无比。现在所允许的自颂，只有指责他人所有的坏处之一法了。间接地夸耀他的才气，这就是给蠢人以奚落的机会，这个自颂的方法，无疑是最直接与善良风俗相反的；然而这却是唯一风行的。随便是谁，只要自己说出他所想到的好处，便是一个傲慢者，每个人都要避免这个。随便是谁，只要反之，其矜夸自己，是由他所指摘的他人的坏处，便是一个可爱的人；他是被许多感激的旁听者包围着：他们与他分占他对自己所做的间接的颂词，而且对于那些给他们减除其颂扬的闷气的好词句不绝地加以喝彩。这似乎是一般而论，社会中出色的人的狡猾，比起有意伤害他人的少而为炫耀自己的居多。这样，所谓宽恕，不只是对于他们的尊重，而且是对于才能浅薄而其注意殊为可厌的这种人的尊重，这都是易于实践的。有功勋的人知道，凡是人家不能说他任何坏处的人，通常都是一个不能有任何好处可说的人；凡是决不喜欢称赞别人的人，大约也就是少有可以被人称赞的人；所以，他也就不想听他们的颂扬了；他把愚昧当作一个不幸看待，这种不幸就是愚昧者常想设法报复的。一个颇有才气的人尝说："我希望人们不要立证反对我的任何事实；此外我希望人家可以尽量说出一切坏处，我也并不发怒：各个人都是可寻开心的。"即使哲学恕饶狡猾，但总不应该在那里拍手称赞。最大数量的恶徒，就应归咎于一些不慎重的称赞；这些恶徒，在根柢上，有时还是世界上最优良的人。因被浪费于狡猾的颂扬所夸奖，与狡猾所给予的才气的声誉所夸奖，他们便不知道在哪些东西上面充分尊重对于他们是自然的那种厚意了；他们想由那些好话而变成可怕的人。他们不幸有了充分的才气在这方面得到成功：起初他们还只是态度上的恶徒；随后便在习惯上永远成为恶徒了。

有的人说人家的坏话，因为他是一个愚昧者及怠惰者；有的因为烦闷、好吹牛、脾气大，稍有不是便被激怒，这是习惯地不幸者；这句好话——Facit indignatio versum（意即愤怒逼出好诗来）多半是属于他的脾气而很少是属于他的精神。更有第三种乃生就是忧郁者的人；他说人家的坏话，因为在他们身上，他所看见的只是些仇敌！长远地与他所怨恨的对象一起生活是如何的痛苦！这种人是以绝不被人欺骗自豪的；他在人群中间却只看出戴着面具的孽障及狡徒；他把这事说出而且每每说得真切，可是，他自己有时亦犯错误。所以，我要问我们是不是愿同样地被欺骗，如果是把恶行当作德行，或把德行当作恶行的话。人最幸福的年纪就是被朋友及情妇欺骗的年纪。一个人，其精明的不是经验所产生的结果，活该不幸！早熟的怀疑，就是一个变坏了的心及不幸的性格之确定的标记。谁知道那最无道理的人是否就是为要不见欺于朋友而甘愿受那永远的怀疑的活罪的人呢？最后，人说别人的坏话借以显示自己的才气，这并不是说讪笑的才气只是那些并无才气之人的才气。这只能依赖别人的讪笑才能存在的才气是什么东西呢？一种能力，如对才气的夸颂，不变成对人心的讥讽便不能够娴习，这种能力又是什么呢？如果人还保留有一点德行的话，对于虚荣心所引以为豪的同一谄媚之词每天都当面惭，如果这种虚荣心是与更多的光明相结的话，它也会鄙视这种谄媚之词的，那么如何还能以这种成功而自骄呢？

从前，人们只是被同辈忌妒，现在每个人都有才气的企图，并且坚于自信，因而忌妒者几乎是大众全体：这已经不是为教育自己而是批判所读的东西了。所以在作品中，没有任一处能够反抗读者这种意向。他们中间大多数人，专以寻找作品的缺点为事，这正与我们在城市中所常见的污秽的家畜一样，它们在城市里面游去游来只是为要找寻淤泥和垃圾。对于一种作品，探求其美的方面不应比吹求其缺点的精神来得少些；并且如一个英国人所说，在书籍当中，应当猎取些观念，而且对于人家提供某种数目的书籍，尤应加以最大的注意，这岂是人们不知道的吗？

所有这类的不公平就是愚蠢之必然的结果。富有思想的人与浅薄的人，其行为之间，在这件事情上面，究竟有何种区别呢？前者能够利用一切。智者所抓着的真理，对于平庸的人，总常常是逃脱了的东西：谁都知道，富有思想的人，倾听真理毫不厌倦；他大约都是在谈话之中看出人家所说的好东西是什么，而平庸的人所看出的，则是人家在那中间所说的坏的可笑的是什么。

富有思想的人，永远为其愚昧所警告，差不多是在一切书籍中取得自己的教育。至于浅薄的人则反其道行之，他们太蠢、太无用以至于感觉不到启发自己的需要，在当代诸著作中他们也找不着什么去教育自己；他们把知道一切这话说得谦让一点时就说，这些书籍于他们不能有什么好处；他们并且还说那些全都是说过的和想过的；著作家只是重复一下就够了，而且著作者中间也只有解说方式的不同。

在每一世纪中，时间都给人类提供了一些真理；但还有许多剩下的恩物要给予我们。因此，我们还有无穷的新的观念可以获得。主张“一切都说了想了”这个格言乃是一谬误的格言，最初是由愚昧把它孕育出来的，继后遂由忌妒重复应用着的格言。忌妒的人，在裁判的外貌之下，所不用以败坏他人名誉的方法是没有的。例如，我们知道没有孤立的真理。一切新的观念都要依赖已知的某些观念，而且必然地与它们有几分相像之处：忌妒便由这种相似处出发，天天诬蔑我们同时代的名人为剽窃者；当其声言反对剽窃的人时，就说这是惩罚窃盗而为大众复仇。但是，我们可以回答，如其你不注意大众的利益，那么你的声言便没有什么生气；你总会感觉到那些剽窃者，自然没有天才家那样可尊敬，但仍是极有益于大众的：而一个好的著作，为要普遍地被认识，应当是被分解于无穷的平凡的作品之内。

实际上，如果构成社会的个人，必须分成许多阶级，他们都具有听和看的不同的耳目。这是显然的，同一著作者，不管他拥有什么天才，决不能同等地与他们相合；对于一切阶级，应当有多种的著作家，应有留威尔（Neuville）派去宣传城市，应有布列丁（Bridaiue）派去宣传乡村。在伦理方面亦如在政治方面，某些观念不能是普遍地被感觉的，而其明晰性，并不能如其所有那样地被人察觉。由最高深玄远的哲学降至诗词，并由诗词降至邦·屡夫（Pont-neuts）：通常只有在这唯一的时刻，它们才变成完全通俗而有用的东西。

此外，这样每每采取裁判的名称没有能完全属于例外的这种忌妒并不是任何情形的恶德。它通常只有在浅薄而傲慢者的心中才能活动，才是危险的。高尚的人很少有忌妒的对象，而社会上出色的人物又太轻率，不能长久地服从于同一的感情，他们都不仇视有功绩的人，尤其是在文学上有贡献的人；并且他们常常卫护这种人；他们唯一的自负，就是在叙谈之中要成为受瞩目和有光彩的。现代的精神特别是由这种自负造成的。

一个短于才气的妇人，做出完全留心于她的犬的样子，她只向犬讲话，旁听者的自尊心不免有些反抗，如果短其非礼就不对了。她明白当人家说出那样多的话，做出那样多的动作以及声音，在社会中是得体的。因对于犬的服侍，在她很少是为玩耍而多半是为掩盖她的凡庸；她在这件事上是很好地为自爱心所忠告。这种自爱心，有时几乎使我常常在我们的愚蠢中取得最优的好处。

要想于人们相异的观念及意见给以充分正确的判断，必须跳出那使我们的判断变坏的一切情欲之外，必须习常地给观念于记忆，这观念之认识又给我们以人的真理之观念：对于这个结果，应当完全了解。没有谁知道一切，那么，我所能有的妥当的才气就不过是仅对于某些方面而言。

例如，在悲剧中，有些人是诗句的协韵，文词的性质和力量因而是文体之一切美好的判断者，但又是设计之正确方面的最拙劣的判断者。有些人则反之，而是这后一部分的认识者，但他们不能感觉到这个正确性，例如这种巧妙的凑合、这悲剧的性质之真理性和谬误性所依据的感情，以及各剧幕之第一等的功绩。我所谓第一等功绩，是因为对这种东西的真正的利用，因此它的主要的美，就存在于把那强烈的情欲在我们身上所产生的结果忠实地描写出来。

所以，我们只有经过多次探究以后，才能有精神的正确性。

因此，我们不能够不把天才与广博的和深刻的精神拿去同正确的精神相混，我们不能制止自己承认这后一种精神，当其是以复杂的比例为问题时，它是一种假的精神。在复杂比例之内，真理就是为数甚大的配合之结果；在那里，要想看得切实，必须看得很多；在那里，精神的正确性是依存于其渊博性的；所以谈到正确的精神，我们便大概地体会到这样的精神力，宜于由人们给我们贡献的真实或谬误意见提取正确的且有时是崭新的结果。

由于这个定义，可见正确的精神有功于人类精神之进展的时候很少。可是，它是值得一些尊重的能够由已经承认了的原理和见解出发而提取出经常正确且有时是新颖的结果，这在一般人中间算是很稀有的人。同时它通常是最受平凡的人所尊重，而精神高超的人则不如是。在精神高超的人，最常做的就是叫人察验已经接受的原则并把它们搬运到未知的地方去，这必同时使他们的懒惰感到疲乏而伤损其骄傲性。

寻常事物的科学就是平凡之人的科学；而且有时有天才的人，在这方面，乃是一个极粗笨的愚昧者。他大胆向前一直达到他所研究的艺术和科学的第一原则，高兴地在那里抓着几个新颖的、第一位的及一般的真理，从这里流出无穷的次一等的真理，因而，他对于一切其他种类的认识都是很疏忽的。如果他走出了天才所划定的光明的路径呢？他便落入于千百种谬误之中，并是等于牛顿之注释亚波加里卜斯（Apocalyppse）①。

天才家给那包围着才气平庸者的漫漫长夜照亮了几尺地方，但决不朗照其全部。我把具天才的人与在希伯来人（Hebreux）之前走着的队伍相比论，时而是黑暗的时而又是明亮的。伟大的

① Apocalyppse，是希腊文，即天启之意。象征神秘的书，很晦涩。书是 Jean l'Evangèliste 著的。——译者

人物，常常在一个方面是卓越的，但必然在其他许多方面是无知的。至少我们在这里应把精神解作自己教育的才能，或者我们能够把它看成一种已经开始的认识。伟大人物，以其勤勉的习惯、研究的方法以及用以指出半认识和全认识之不同的区别，在这方面，的确对于通常的人有极大的益处。后者，从无深思熟察的习惯，绝无深刻的理解，当其对于一些事物有了一点皮相的认识时，便常常自信以为是十足地有教育了。愚昧和蠢笨很容易自信知道一切，两者都常常是骄傲的，唯有伟大人物才能谦逊。

一切情感，都与那由一束光线所构成的光亮带相似，它是由无限的情感集合而成的，这些情感在我们的灵魂里产生某种意志而在我们的身体上产生某种行动。很少有人具备专于分析这些感情之光束的分光镜。所以，人们常常以为是被唯一的情感所动，或以为被那异于推动我的感情所动。这就是之所以有如此多的对感情的蔑视，与我们几乎是常常昧于我们的行动之真实理由的原因。

一个母亲溺爱她的儿子，她会说：我单是为了他自己而爱他。但，我们可以回答，你绝不注意他的教育，你不疑惑良好的教育能够无穷地给他以幸福，然而为什么，对于这个问题你不去请教那些富于思想的人，并且为什么你不去读读那些专为此事而写作的书籍？她将答，这样说是因为她在这方面所懂得的也不亚于那些著作家与其作品。但对于你的明见的这种信任是从什么地方产生出来的呢？那难道不是你的顽固之结果吗？一个有力的需要，常常启发对我们自己有益的疑心。如果我们遇着一桩大讼事，我们便得去会代理人、律师，向他们中的很多人请教，且读他们的辩论文本。如我们被痨病所困，不绝地被死的阴影和恐怖包围着呢？我们便要去找医生，遵从医生的意见，读许多医书，我们自己也会变成懂一点医的人，这样便是有力的利害的引导。当其是关于儿童的教育问题时，如果你们不为同样的利害所动，这就可见你们并不是单为儿女自己而爱他们。但，这位母亲还可反问，那么我的慈爱的原由又是什么？我可以回答，在父亲与母亲之中，有的人是为后人的情感所动；在他们的孩子身上，他们特别爱的还只是他们的名姓。有的人是富于指挥欲的，因此在他们的孩子之中，他们只是爱其奴隶。动物，当他们的幼崽逐渐长大，不再依附他们的时候，他们便与小动物分开，父亲的爱，当儿女们在年龄与地位已达到独立的时候，就在一切心中消灭了。昔日诗人萨迪曾说过，当父亲的人，在儿子身上所看见的只是些贪婪的承继者。这一诗人还说，这就是祖辈对于子孙的极端的爱的原因，他把他们看成仇敌的仇敌。

有些父母，在他们的孩子中只看见一种玩具与一种混日子的东西。这种玩具的丧失，于他们是难堪的，但是他们的悲凄就会证明他们是为孩子自己而爱孩子吗？谁都知道罗桑先生这段生活的故事。他在巴士底狱中，没有书籍，没有事做，烦闷得要死而且受那牢狱的虐待，他却去养活一只蜘蛛。这就是在他的不幸之中的唯一的安慰。巴士底狱的管理人，用一种看惯了对待不幸之人所共有的不人道把这只蜘蛛打死了。这个囚徒，因此感觉到一种很剧烈的悲伤，比任何一个死掉儿子的母亲还要伤心些。然则，这种对于如此不同的物件的感情的样子是从什么地方来的呢？这是因为丧失一个孩子与丧失一只蜘蛛，人家常常哭的只是他们所陷入的烦闷和无事可做。如果当母亲的，一般对于死掉孩子都比那为事务所萦绕或用心于贪图财富的父亲要感觉到厉害些，这并不是因为这母亲对于儿女要特别慈爱些，而是因这对于她乃无可补偿的损失。在这方面，感情之轻视是最常见的。人们罕有为一个孩子的自身而疼爱他的。对这个如此多的人加以旌表而以为是没世不忘的动人的父亲的爱，最常见的解释，不过是它产生于后代观念的情感或产生于统治指挥的傲慢性，以及产生于烦闷与闲着无聊这样一种结果而已。①

自称有良好信念的人，何其缺乏自我的检察！这样的人，即在他看来，别人都是些透明体，他同样很好地能够洞鉴自己的心部和他人的内心，这样的人如果有的话，其数目是不多的。要想认识自己，应当观察自己，做一个关于自己的长期研究。这自然是唯有道德家才留心于这种考验，而大多数人都是不自知的。

在那些以如此的愤懑宣言反抗富有思想的人之奇特性的人们当中，有些人自以为只是为正义和真理的精神所激发。但，我们可以向他们说，为什么要逞其愤懑反对一个常常无害人的可笑之事呢？一个行为奇特的人吗？讥笑他吧，趁早！这说明你仍旧是与那些无可称述的人一伙。为什么你不能与富有思想的人做同样的事呢？这是因为他的独特之处引起社会的注意：社会的注意一旦固定在一个有功绩的人身上，就占据了他，忘却了你，而你的虚荣心因此大受伤损。这便是你心中对于习以为常的风尚使你感动而产生尊敬及对于奇特事物的所有仇恨之秘密的原则。

你也许要向我说：非常的东西使人感动，它是加在富有思想的人的声誉之上的；单纯而卑微的劳绩则不大被重视；这就是一

① 观看不幸之人的习惯，使人们变得残暴和凶恶。尽管他们说这残酷是可怜悯的，但这也是他们的义务命令他们以成为冷酷的必然性。一切的人，为了正义的利益能够如一个刽子手冷酷无情地杀其同类，那么，如果不判绞刑的话，则为其自身的利益就一定会屠杀同类了。

个不平，我以毁败奇特性而加以报复。可是，我可以回答，嫉妒岂不是使你于感情并不存在之地瞧见感情吗？一般说来，高明的人很少倾向于这个。一种怠惰的和有思虑的性质是能够有奇特性的，但它永不玩弄这个奇特性。奇特性的感情因之是很稀有的。

要想维持奇特性的人物，应当具有何等的能动性？要想恰当地选择一个可笑的东西，对于别人，既不使我受他人轻视，亦不使我们被人家讨厌，并且要把这嵌合于我们的性质之中而使其与我们的名誉相称，这应当具有怎样的世界知识呢？因为这只有拿如此天才的分量才被允许有如此的可笑之处。我们有这种分量吗？这是应该承认的，一种可笑之处决不于我们有害而是于我们有利的。当埃涅阿斯（Enée）入地狱时，为要使那守门的怪兽温和一点，这位英雄，因西比尔（Sybille）的忠告，先就准备了一个点心掷在塞伯拉斯（Cerbére）的口里。谁知道要想缓和同一辈的人们的怨恨，有名誉的人是不是要把讥笑这个点心丢在嫉妒者的口里呢？智谋既要求这样而人性又命令这样，如果降生了一个完人，他常常应当以某些大的愚笨去缓和同辈的憎恶。这是真的，在这件事上面，我们可以满意于自然的安排，它对于每个人都准备好了充分的缺点足以使其大有担当力。

一个确切的证据，证明那在公正的名义之下恣意攻击富有思想的人的可笑之处的，就是嫉妒，证明他们所有的奇特性，并不是有害于我们的。一种粗糙的奇特性，比如它逢迎那平凡的人的虚荣心，使他看出有功绩的人有他所没有的可笑之处，使他深信一切富有思想的人都是疯子，只有他才是聪明人，这就是一种很宜于使他们获得他的好感的奇特性。例如说，唯有一个富有思想的人才会有奇怪的装束：大多数不能分辨疯子和贤者的人，只靠假发的或短或长使他们认识，而把这个人当作疯子看待；他们笑讪他，但他们更加爱他。以他们找着嘲笑他的快乐为交换，有什么名誉他们不会付给他呢？我们不能常常嘲笑一个人而不多多地谈到他。所以，一个蠢人所丧失的东西，正就是增加一个有名誉的人之声的东西。我们嘲笑一个人，不能不承认，甚至或者不能不追求此人所以自异于人的方面的卓绝之处。嫉妒的人，以其过分的浮夸，不知不觉之间自己也就助成那有功绩的人的名誉。我对你当如何地感谢呀！有功绩的人将自愿地向他这样说。你的仇视使我成为朋友呀！群众不能久久地以你的醋意的理由而怀鄙视之念；使你不高兴的，是我的名誉之光辉而不是我的奇特。你如敢为，请你照样闹闹这个奇特性。但你知道一个令人感动的奇特性，在凡庸之辈的心中乃是一个无味的事：你的本能会告诉你，或者至少群众不赞成你，去玩弄奇特性。请瞧，这便是你对于奇僻的愤恨之真实的原因。这很像那些虚伪的妇女一样，她们不断地无礼地叫嚣，反对那新的和特宜于表示身段的衣装，她们未曾看见她们之对于古装的尊重，应当归因于她们的丑陋。

我们的可笑之处，常常是不许我们自己知道的；只有在别人身上的，我们才能够看见。在这个题目上，我将举出一件极其有趣的事实，据说这就是现代的事。洛兰公爵在邸中大宴臣僚，大家都在客厅里享用晚餐，这客厅是在一个土台上面。这时，一位妇人以为看见了一个蜘蛛，她怕极了，大叫一声，离了席，逃到花园里去，跌倒在草地上面。正当她跌下去的时候，她听见有个人来到她身边；这就是公爵的首席家臣。她向他说："先生，请你帮助我镇定一下！我接近你是很荣幸的！我生怕已经做了一个非礼的举动！"这人向她回答："哩！太太，谁能禁止得住？但，给我说说，它是否很大呢?”“哩！先生，它是很可怕的。”他又说：“它在我侧边飞着吗?”“你在说什么？一个蜘蛛也会飞吗?”他又说：“怎么！你竟是为了一个蜘蛛就闹成这个样子吗？哎哟，太太，你是一个疯子，我还以为这是一个蝙蝠呢。”这个故事正就是所有一切人的历史。人们不能支持那存在于他人心中的可笑之处，人们相互地谩骂；而且在此世界之内，绝没有一个不嫉妒他人的虚荣心。

在盲昧的情形里面，没有谁会疑惑一个忠告没有用。一个律师、一个医生、一个哲学家、一个政治家，每个在其所治的门类上，都可以提供精密的忠告。在一切别的情形中，忠告是没有用的，而且每每是可笑的；因为，一般都是常把自己所提出来的意见作为模范。

假如有一个野心家请教于一个性情平和的人，把自己的观点和计划提出与他商量。这个平和的人就会对他说：请你不要去冒险、去受无数的伤，把你的工夫用在一些平稳的职务上去吧。也许那位野心家会回答他说，在相异的情欲和本性之间，假如我还可以作一个选择，我也许赞成你的意见。可是，这里成问题的，是我既有的情欲、已经形成的本性，与已经养成的习惯，我必须为我的幸福而从这些东西中取得可能的最优的部分。我之请教于你的就在于这一点。尽管他还说：本质一经形成，是不能更换的；一个温和的人所有的快乐，对于一个野心家是没有用处的。尽管他有些理由提出，而这温和的人总常常这样说：不要谈到野心吧。我似乎听见一个医生向他的病人说：“先生，不要发寒热吧。”年老人也是这个同样的腔调。如其有一个青年向他们请教他应该怎样为人处世。他们会向他说：“避免一切跳舞、一切戏剧、一切妇女的聚会，以及一切轻狂的游戏，一心一意注意你的财产，照着我们的意见做吧。”但这青年会回答他们说：“我是太易为快乐所动，我爱女人至于发狂，怎样能把这些抛弃呢？你们感觉得到在我这个年纪，快乐是一个需要。”无论他说些什么，一个老年人决不会知道对于一个男子的幸福，一个女人的享受是如何地必要。凡是人们再也不能感受的情感，就是一个不能容许其存在的情感。老年人再也不追寻快乐，因而快乐也就不再去光顾他了。在少年时期曾占据过他的对象，不知不觉地离开他的眼睛。所以，人类就好比一艘驶入海洋的船只一样，它不知不觉地就看不见那与海岸联系着的事物景象而它自己也很快地在那些东西的眼前消失下去了。谁能估计那各人自作榜样的大胆，他便可以相信这等于看见散在一个大湖之中的游泳者，他们为各种水流载着，昂头出水，彼此相对地呼唤：应当跟随我来，应当在那儿上岸。他自己在一个石头上被包着铜锡的链子锁住，从那儿观赏他们的疯狂。聪明人说，你没看看你被逆流牵住不能够在同一地点登岸吗？请教一个人说这个，做那个，这通常算是等于什么也不曾说到，不然，便是我这样了。所以，摩利耳这句话“你是个银匠，乔斯先生”之被应用于自作榜样的倨傲性，差不多是出人意想之外的普遍。没有哪个蠢才不想指导精神最伟大的人的行为。

如果有时忠告是有益的，这就是要好好地自己忠告自己。如果他是小心于请求忠告，这只是向着那些理解一个好的忠告之稀有与其价值的聪明的人，他们对于忠告是吝惜的而且不得不常常是吝惜的。事实上，要想提供一个有益的忠告，未必不应该以怎样的小心深入于一个人的性质之内吗？岂不应有怎样的认识，理解他的兴趣、他的倾向、激起他的情感以及他被感动的情感的程度吗？要预先察觉那在忏悔以前他所要犯的错误，以便预料命运将要安置他的环境，并且因而判断我们所要改正的他的缺点，即他好像在应当达到的地位中，是不会改变德行的，这需要怎样的精细呢？这就是这些困难的可怕的图案，使聪明的人在忠告的问题上面如此地慎重。所以，应当常常向他请求忠告的人，只是那不肯轻易赐教的人。

不管睿智为何稀少，其所提供的好处只不过是个人的，它们并不能普及于人类。睿智的人不能企图一般的大众的承认，因而也就不能企图得着光荣。但，人家将这样说，精明随着睿智而来，乃是一切民族都有崇拜之权利的德性。我可以回答，如此地被夸奖的而且有时是如此地有益于个人的这种精明，却并不是对于一切民族都如我们所想象的那样重要。上天对于一个民族所能赐予的一切恩惠之中，其最悲惨的恩惠毫无异议地要算精明了，如果上天把这精明普及于一切公民的话。事实上，究竟什么是精明呢？这便是一个人，他从相去甚远的诸不幸中，保存一个十分生动的印象足使这印象在他的心中权衡着一个许是悲惨的快乐的涌现。然则，我们假设精明降及于构成一个民族的一切头脑之中：那么又在什么地方去找那为五个小铜板一天而在战争中去忍受死亡、疲劳和疾病的人呢？哪个妇女会去礼拜婚姻的保护神而冒生产的危险去忍受一个丈夫的坏脾气，且感受由孩子的死亡和坏行所致的悲伤呢？由于宗教原则的结果，哪个人不会轻蔑尘世的如驹过隙的生存的快乐；为整个儿顾及他的幸福起见，怎样不会在一个最严肃的生活中，找寻增加教皇所许可的福泽之方法呢？因此，哪个人不会选择最完美的境遇，即在那中间，他的幸福可以不费什么辛苦而获得的境遇；哪个人在爱情故事中不宁愿占取童贞的优胜，不愿意去葬身于修道院之中呢？这里便是矛盾的，后裔必须生存，这就是现前的快乐，其强有力的景象，冒着远离的不幸，消灭了远见的能力。所以苍天是把帝国的保存和世界的延绵联结在人类的不智和狂妄之上的。

在一个如像罗马共和国那样的共和国内并在整个政府之内，其人民就是恩赏的分配者而名誉乃是功劳的代价。在这种政府之内，引导的精神就是天才的自身及伟大的才能。如果在有些政府，其恩赏是把持在几个人手里，而这些人的伟大又是离民众幸福而独立的，那么，情形便不一样了。在这些国内，引导的精神，只是怎样有益于或取悦于那恩荣的权势者的技术，这种利益大概是将就才干的地方少而将就资格的地方多。要想在大人物的周围取得成功之最适宜的条件及最必要的资格，乃是一个对于一切种类的性质与环境都能够顺应的性格。你如果是缺乏才能的话，那么这样一种性格，加以适宜的地位的助力，也足致身显贵。可是，人们可以说，再没有比这同样的性格更能通行的了：对于一个大人物成为他的快乐的统治者或一个间谍，而不能邀其恩宠致身显贵者简直没有。这样，偶然于人的幸遇便有重大作用。使我为父亲、为丈夫，都是偶然；在大人物需要一个侦探的时候而把我们安置在他家里的也是偶然。

但假使大的幸运，一般都是偶然的作品，而人们在这上面只有假借达于成功所必需的卑劣和诡谲才有成就，那么就得承认机智和我们的腾达有关。首先，这就如那因不堪烦扰而把自己变成一个保护者的，利用在位者的倨傲而对于突如其来的那种使提出者受屈辱而迫着他变成被冒渎者的保护人的问题巧于对应的，这些人，可说在其行为之内，是含有发明和机智的。至于有些人，在权势者的宅第之内，看出自己能够创造滑稽取乐的守卫之职而以如此的代价把被轻视和嘲笑的权利拍卖给大人先生的，这也是属于第一流的。

无论何人有这样权利用别人的虚荣心去达到自己的目的，都是富有引导的才能的。精于此道的人经常为自己的利益而活动，但常常在他人利益的庇荫之下。他是很能干的，如果为要达到他所拟定的目的而采取一条似乎是辽然相离的路径。这是一个使敌对者的嫉妒睡眠的方法，它只有在已不能妨害其目的之时才能醒来。哈！富有思想的人，在高尚超卓者之前，因此闹着狂妄者的玩意，自己闹出些嘲笑来，曾经感动了最大的凡庸呵！他们是太易被那性格宜于这种卑劣的坏人欺弄呵！实际上，凡是对于名誉的极端的爱所不能激励起来的人，其在功业的事实上所能欢喜的只有低劣于他们的人。这种兴趣的渊源是存在于一切人所共有的虚荣心中的。人人都高兴被他人称赞，然而，在一切赞扬之中，最可夸耀的无疑就是最显然地证明我们的优越，对于那发现我们的缺点无害于我们而能保证我们卓绝之处的这种人，我们应有如何的感激！以一切的夸耀说这个夸耀是最正当的。就是在亚历山大王的朝廷内，自己表现成伟大的人物乃是一件很危险的事。帕曼纽（Parménion）尝向菲罗塔斯（Philotas）说："我的孩子，在亚历山大面前，你要装成卑微的样子，有时使得他喜欢再用你；好好记着，你要取得他的友爱，只有靠你的表面上的低能。亚历山大，在世界上，对于高超的才能具有一种秘密的忌恨呵！凡庸的人就是见爱的人。"

一个父亲希望他的儿子把最贤明的行为联结在伟大的才干之

上。可是，我可以向他说，你知道在你的儿子身上具有差不多矛盾着的性质吗？你要知道如果环境的某些奇怪的凑成有时把这些性质集合在一个人身上，它们会很少得到成功；你要知道伟大的才干是要以伟大的情欲为前提的，而伟大的情欲又是千百错误的萌芽；而且反之，所谓好的行为几乎常常都是脱离情欲的结果，因之，是平庸的采邑。要想做大事，应当有大的情欲，不管此事的性质如何。为什么我们看见许多不生产伟大人物的国家呢？为什么有许多的小嘉东（Caton），小时那般的伶俐而年龄一大，大约都不过是些庸才呢？世界上充满了美的孩子与愚蠢的成人这是因为什么原因？这是由于在大多数的政体下面，国民不曾由强烈的情欲热炽起来。好哪！我同意当父亲的说，我希望我的儿子为情欲所激发：这在我只需要能够指导他的努力向某些研究的目的就够了。可是，我可以回答，你觉得这个需要是怎样地偶然吗？因为希望一个人单靠好眼力，对于你给他指示的东西，是能够瞧得确切的。在作教育的任何计划之前，应先行自己商量妥当，要知道在你儿子身上你所需要的是什么，是大才干呢，抑或是聪明的行为。你所宁愿的是善良的行为吗？请你相信一个富于情欲的性格，对于你的儿子许是一种悲惨的禀赋，尤其是在那些民族之中，由于政治的组织，使情欲常常不能向道德发展时为然；如其可能，就请你扼杀他的一切情欲的萌芽吧。可是，这父亲又要说，这不会应当同时放弃使他成为有名人物的希望吗？是的，不成问题。如果你不能解决这问题，那就请退还你的情欲吧，勉力指导他趋向于尊贵的事物吧。但这就要等待着眼见他实现些大事业，而且有时犯着最大的错误。在富于情欲的人，决不凡庸；而常常决定其最初一步的几乎都是偶然。如果有情欲的人以艺术知名；如果科学在他心中保存一个势力，而有时维持一个良善的行为；这在具有情欲的人则不如是。因为他们的出生、他们的本性、他们的地位和财富，都驱使他们倾向于世界第一等地位。这些人的好或坏的行为，几乎全都是由偶然的势力所制约的；依照它安排他们的环境及它指定的降世时期，这一本性就可随之变好或变坏。偶然随心所欲地使他们成为阿庇乌斯（Appius）或德基乌斯（Decius）。

在一个桶匠的儿子身上，放些才力、勇气、智谋以及活力吧！在有些共和主义者，靠军事的劳绩打开伟大的门户，你使他成为地米斯托克利（Thémistocle）、马留斯；在巴黎，你只可把他变成一个加尔都士（Cartouche）。

假使能够经营一个绝望的决定的有胆量的人，生长在那强敌蹂躏、国家似乎没有办法的时候；如果成功对于他的经营有利，那么这是一个半仙了，在其他一切时间，这不过是一个粗暴之徒或者一个无理的东西。

我们常常引导同一的情欲，是要有这样不同的条件限制。这就是当父亲的，如其子赋有强烈的每每能改变世界面貌的情欲时，他所冒的危险。

我希望追踪一下那些预备取得高位的人的生活。他们在十六七岁从中学毕业，学习骑马，学习他们的操演；他们在大学院与在法科大学再读两三年。法律学毕，他们便买得一个官职。为要尽这个职务，自然法、万国公法、公法再也不是必要的研究了，只是把所有的时间牺牲在一些个人的讼事。他们由这里转到外省政府去，在那里过分地为日常琐事所累，疲于对付请谒者，再也没有思索探究的工夫。接着他们就升到高级的位置，于是在三十年的实习之后，他们所有的思想基本仍旧是二十或二十二岁时所有的。由这些上面，我看出有些在邻国旅行的，在那里他们可以把那些相异的政治形式、法律、天才、交易，以及人民的风俗习惯拿来比较观察。这种旅行或者比之人们现在所施的教育更宜于形成政治的人物。

一个生长在北方的严酷气候中的诗人，他在这些黑暗的暴风不住地迅速地卷着的地方，他的眼睛并不迷离于万花齐放的谷中：他只认识无尽的冬季，这冬季带着肃霜的白发统治着枯燥的沙漠，使他重复听到的只有狼嗥，他所能看见的只有雪，只有堆积着的冰，只有那与大地同样古老的松树，以它们的枯枝遮盖着那浸着它们根的湖沼。另外一个诗人，则反之，他降生于意大利的丰腴气候之下，空气在那里是清洁的，地面上绽着花卉，和风细细地吹动那香气四散的森森的林梢，他看见那些河流以千百银色的弯弓划断那一碧浑然的牧场的绿野，艺术和自然联合起来装点那些城市和乡村，所有一切似乎生就是为眼福和感觉而陶醉。在这两位诗人中，谁能疑惑后者不能描写出最悦人的景象，而前者不能描写最孤高和最可怖的景象呢？但是，如果他们不是被那为了名誉的强烈的情感的驱动，他们两个不管是谁都不能做出这些东西来。

无论何人，达到某种年龄尚未成名，对于才能都常常表示轻蔑以自慰其无能。要想成为功业的判断者，应当是无利害关系地去判断，因之，要在尚未感受忌妒的情感时。在幼年的时候，人们是很少感受的。所以年轻人，观看伟大的人物差不多与后代人是用着同样的眼光。因此，一般说来，应当抛弃同一年龄的人的尊崇，只有期待少年人的尊崇。人们在他们的颂扬之上能够大概地确定他的名誉，在他们对于伟大人物所作的称颂之上，可以确定他所称誉的伟人，如果在他人身上人们所崇拜的只不过是与自己相同的见解，那么人们所有对于才能的尊重常常是以他所有的才能作为比例的。人们所捧颂的伟大人物，只是当着自己是要成为伟人。为什么，恺撒会在亚历山大王的像前挥泪呢？这是因为他是恺撒。为什么人们对于这尊像的崇拜不再见流泪呢？这是因为他不是恺撒。

形成人物的技术，在一切国家，都是这样紧密地与政治的形式相联结的。如果不在国家组织之内有所变更而想在公共教育之内做出重大的变更是不可能的。

教育的技术只不过是那专用形成最强壮最有力的身体，以及最明见的精神和最有德行的灵魂之方法的认识。

在这件事情上面，人们与一切改良的思想离得太远。当其是无用的时候，我是不能进入于那些经常沉闷的细节的研究。我乐于指出人们就是对于那些最粗俗的而且是极易改正的错误之改良，都是不愿意做的。

假如，人们本应费些时间用于国家语言所论述的学问，然而人们却牺牲五六年时间于一种死了的语言，这语言，一离学校便即忘却，因其在日常生活中几乎是没有任何用处，天地间还有比这更蠢的事吗？尽管有人这样说：如果人们把青年人如此长久地留在中学里面，少部分是为他们学习拉丁文而多半是为了养成勤劳的习惯。但是，为要使他们养成这种习惯，我们未必不能够教他们以一种较为有用、较为不十分艰难的学问吗？人们不怕把他们在青年时代煽起学习需要之自然的好奇心消灭了或折磨了吗？如果人们在那尚未由大的情欲分散其需要的年龄，人们就拿物理学、历史、数学、伦理、诗等等的研究去代替文字之无用的研究，则这个需要岂就会如何地不坚牢吗？人家又会说，死了的语言的研究，也就代替了这个目的之一部分。这种研究强人以翻译和解释著作者的需要。因而，它便能够把那些包含在古代优良著作之中的一切见解装入青年的头脑之中。不过，我可以回答，人们用译本之助，分明是两三个月就可弄到手的实故和观念，定要花费数年月才能装进记忆里去，世间还有更为滑稽可笑的事吗？以八年或十年的研究，能够取得的唯一的好处，就是拉丁文句的奥义之极不确定的理解，这种奥妙处于一个翻译之内。我之所以说极不确定，是因为不管一个人所做出来的拉丁文的研究是如何，决不能如我们理解自己特有的语言那样完善。然则，如果在我们的博学者当中，很少有人感觉法文文词的美、力和精密，因此我们就可以想象当其使用一个拉丁文词时，他们就算是最侥幸的吗？我们就不会疑心他们的科学，在这件事上，只算是建筑在我们的无知、我们的轻信，以及他们的大胆上面的。而且如其我们能够招致贺拉斯、维吉尔及西塞罗的亡魂，那么我们的修辞学家，在他们看来，不会像是用无智的土语写就的吗？我不能停止在这个疑惑上面，我将同意，如你愿意的话，在离开课堂之时，一个年轻人是很好地学习了拉丁文的精美文词；但是，那是在这个假设之内，我将问问人们是否必须对于这个认识提付八年或十年的工作的代价；并且，是否在最年轻的时期，在那好奇心丝毫不曾为任何情欲所打击且因之人们是最长于致用的年龄，这些消耗在文学的研究上的八年或十年，未必不能较好地用于事物的研究，尤其是用于与人们真正必需充任的职位相类的事物之研究吗？

一种优良的教育，不多用无谓的气力，便能够在伟大帝国之内无限地增加才智和贤德。

**图书在版编目(CIP)数据**

论精神/(法)爱尔维修著；杨伯恺译. —上海：
上海人民出版社，2019
ISBN 978-7-208-15657-9

Ⅰ.①论…　Ⅱ.①爱…　②杨…　Ⅲ. ①爱尔维修(
Helvetius, Claude Adrien 1715-1771)-哲学思想-研究
Ⅳ.①B565.291

中国版本图书馆 CIP 数据核字(2019)第 004313 号

**责任编辑**　毛衍沁
**封面设计**　周伟伟

**论精神**
[法]爱尔维修 著
杨伯恺 译

**出　　版**　上海人民出版社
　　　　　　(200001　上海福建中路 193 号)
**发　　行**　上海人民出版社发行中心
**印　　刷**　常熟市新骅印刷有限公司
**开　　本**　635×965　1/16
**印　　张**　11.5
**插　　页**　4
**字　　数**　123,000
**版　　次**　2019 年 5 月第 1 版
**印　　次**　2019 年 5 月第 1 次印刷
ISBN 978-7-208-15657-9/B·1380
**定　　价**　46.00 元

MINERVA

·密涅瓦·

| | | |
|---|---|---|
| 《论文化与价值》 | [英] 维特根斯坦 著 | 楼　巍 译 |
| 《论人的奴役与自由》 | [俄] 别尔嘉耶夫 著 | 张百春 译 |
| 《论精神》 | [法] 爱尔维修 著 | 杨伯恺 译 |
| 《论自由意志——奥古斯丁对话录二篇》 | [古罗马] 奥古斯丁 著 | 成官泯 译 |